무던해 보이지만
사실 예민한 사람입니다

무던해 보이지만 사실 예민한 사람입니다

초판 1쇄 인쇄 2026년 2월 5일
초판 1쇄 발행 2026년 3월 4일

지은이 최치현
펴낸이 이경희

펴낸곳 빅피시
출판등록 2021년 4월 6일 제2021-000115호
주소 서울시 마포구 월드컵북로 402, KGIT 19층 1906호

- 인쇄·제작 및 유통상의 파본 도서는 구입하신 서점에서 바꿔드립니다.
- 이 책의 전부 또는 일부 내용을 재사용하려면 반드시 사전에
  저작권자와 빅피시의 서면 동의를 받아야 합니다.
- 빅피시는 여러분의 소중한 원고를 기다립니다. bigfish@thebigfish.kr

최치현 지음

빅피시
BIG FISH

예민함을 바라보는
새로운 언어가 필요하다

"저는 너무 예민한 것 같아요. 예민하지 않고 싶은데… 어떻게 해야 할까요?"

종종 진료실에서 이런 고민을 털어놓는 분들을 만납니다. 어떤 분은 "예민해서 삶이 힘들어요", "예민해서 다른 사람들과 관계가 좋지 않아요", "예민해서 자꾸 화가 나요"와 같이 예민해서 생기는 부정적인 상황과 결과를 말합니다. 또 어떤 분은 "무던한 사람이 부러워요. 예민한 내가 싫어요"와 같이 자기 자신에 대한 불만과 나와 다른 성격을 가진 사람을 향한 부러움을 이야기하기도 합니다.

이렇듯 예민한 사람이 불편해하는 상황은 저마다 다릅니다.

또 예민함에 따른 불편한 정도나 대처 방식도 각자의 생김새와 키처럼 다양하지요. "층간 소음을 견디기 너무 힘들어요. 윗집에 올라가 욕을 퍼붓고 싶지만, 그냥 참고 있어요", "사람들과 함께 있는 게 스트레스예요. 그래서 가능한 한 약속을 잡지 않아요", "조금만 환경이 바뀌어도 잠을 잘 수가 없어요. 다음 주에 출장을 또 가야 하는데 너무 걱정이에요."

이런 이야기는 진료실에서만 듣는 것은 아닙니다. 요즘 일상에서도 자주 보고 듣습니다. SNS에는 '예민함 테스트', 'MBTI 유형별 예민함 순위', '예민한 사람이 방전되는 이유', '예민한 사람들을 위한 생존법' 같은 콘텐츠가 넘쳐나지요. 이런 걸 보면 얼마나 많은 사람이 '예민함'에 관심을 두고, 스스로 예민하다고 느끼는지 짐작이 갑니다.

예민함 그 자체가 문제는 아닙니다. 진짜 문제는 많은 사람이 자신을 '예민한 사람'이라고 쉽게 단정한다는 점입니다. 그리고 '예민함'을 부정적으로만 인식하지요. 성격에 따른 사람 유형을 예민한 사람과 둔감한 사람으로 나누고, '언제나', '항상' 예민한 사람으로 본인을 규정합니다. 이런 성향을 반드시 고쳐야 한다고 생각해 자신의 모습을 늘 부족하고 못마땅하게 여기지요.

그 결과 자기 자신을 문제 있는 사람, 결함 있는 사람, 적응력이 부족한 사람, 사회성이 떨어지는 사람으로 간주하는 모습을 볼 때마다 매우 안타깝습니다.

또 다른 문제는 '성격이 예민해서 걱정'이라며 저를 찾아오는 분들이 점점 늘고 있다는 점입니다. 정신과 치료와 상담을 받는 다는 사실을 부끄럽지 않게 터놓는 시대가 되면서, 정신과에 대한 오해와 편견이 줄고 진료실 문턱도 낮아졌습니다. 그래서 예전 같으면 병원을 찾지 않았을 분들이 좀 더 쉽게 진료실을 찾는 것일 수도 있습니다. 이는 자신의 걱정과 고민을 무시하지 않고 전문가와 함께 해결 방법을 찾아본다는 측면에서는 분명 긍정적인 변화입니다.

그럼에도 점점 더 많은 사람이 자신의 예민함에 관해 고민하고 그로 인해 고통받으며 스스로를 부정적으로 평가하는 현상은 단순히 의료 접근성이 높아졌다는 이유만으로 설명하기는 어려워 보입니다. 여기서 한 가지 궁금증이 생깁니다. 이전보다 쉽게 불안해지고 짜증이 나고 다른 사람의 미세한 말투 하나에도 신경이 곤두서는 경험이 단순히 개인만의 문제일까요? 혹시 우리가 살아가는 사회가 예민한 사람을 더 불편하게 만들고, 타고난 성향을 더 부정적으로 인식하게 만드는 것은 아닐까요?

점점 더 예민해지는 우리의 모습은 결코 개인만의 문제가 아닙니다. 이 시대와 특히 한국 사회가 예민함을 부정적으로 바라보고 그런 시각을 강요해 오기도 했습니다. 이러한 사회적 맥락을 이해하면 왜 최근에 이러한 문제로 괴로운 사람이 더 많아졌는지 객관적으로 파악할 수 있습니다.

또 사회적 배경을 이해하는 데 그치지 않고, 자기 자신을 있는 그대로 바라볼 수 있도록 새로운 관점을 제시하려 합니다. 이에 따라 1장에서 우선 자신의 예민함을 올바로 이해하는 시간을 가지려고 합니다. 예민함이란 무엇인지, 나는 어떤 상황에서 특히 예민해지는지, 나만의 대응 방식은 무엇인지 등을 살펴보겠습니다. 2장에서는 부정적으로 여겼던 내 모습을 다른 시각으로 바라보며 그 안에서 나만이 가진 특별함을 찾아보겠습니다. 3장에서는 예민함을 다루는 구체적인 방법을 알아보고, 4장에서는 오늘날 사람들이 점점 더 예민해지는 현상을 사회·역사·문화적 시각으로 바라보려 합니다. 나를 이해하고 돌보는 과정을 통해 예민함이 더 이상 짐이 아닌 삶을 풍요롭게 만드는 자원이 될 수 있음을 함께 발견해 나가봅시다.

가장 중요한 것은 '예민한 나를 어떻게 바라볼 것인가'에 관한 올바른 관점과 태도입니다. 자신을 어떻게 바라보고, 타고난 특성을 어떻게 이해할지가 무엇보다 우선시되어야 합니다. 사랑하는 사람과 함께할 때도 무슨 말을 하고 무엇을 할지와 같은 구체적인 말과 계획보다 그 사람을 어떤 마음으로 대하고 어떻게 바라보는지와 같은, 상대방을 향한 '따뜻한 태도와 시선'이 더 중요하듯이 말이지요.

그리하여 사회가 강요한 시각이 아닌 나만의 관점으로 진짜 나 자신을 바라볼 수 있을 때, 비로소 스스로를 진정으로 받아들일 수 있습니다. 이 책을 통해 여러분도 자신의 예민함을 좀 더 따뜻하고 호기심 어린 눈으로 바라볼 수 있으면 좋겠네요. 그럼 이제 '나'에 대해 함께 알아볼까요?

나는 '어떤' 예민함을 가진 사람일까?
& 나는 예민한 상황을 마주했을 때 '어떻게' 행동할까?

'예민한 사람'은 모든 방면에서 민감하다고 생각하기 쉽지만, 사실 그렇지 않은 경우가 많습니다. 사람마다 예민해지는 지점과 상황이 다르기 때문이지요. 상황에 대처하는 방식도 각기 다른 모습을 보입니다.

다음 두 개의 체크리스트는 내가 '어떤' 예민함을 가지고 있는 사람인지, 그 상황에서 '어떻게' 대응하는지를 살펴보기 위한 것입니다. 여기서 제시한 분류는 학술적인 구분이라기보다는 제가 직접 관찰하거나 다른 사람들의 경험을 토대로 정리한 경험적인 구분입니다. 이렇게 구분한 이유는 단순히 "나는 예민해"라고 뭉뚱그려 받아들이는 것이 아니라, '난 어떤 상황에서 예민해지는 것일까'라는 질문을 통해 스스로를 더 깊이 이해할 수 있도록 돕기 위함입니다.

체크리스트를 통해 내가 예민해지는 상황과 그때의 대응 방식을 파악한 뒤, 해당 유형에 관한 설명이 나오면, 주의 깊게 읽어보길 바랍니다.

1. 나는 '어떤' 예민함을 가진 사람일까?

다음 문항을 읽고 평소의 나와 가장 가까운 정도를 선택하세요.
⓪ 전혀 아니다 | ① 드물다 | ② 가끔 그렇다 | ③ 자주 그렇다 | ④ 거의 항상 그렇다

1. 감각 – 외부 감각(오감)		
1	작은 소리에도 쉽게 놀라고, 빛이 강한 곳에 오래 있으면 금방 피곤해진다.	⓪①②③④
2	주변 환경의 미묘한 변화를 남들보다 빠르게 눈치채는 편이다.	⓪①②③④
3	미적으로 어수선하거나 정리되지 않은 공간에 있으면 쉽게 불편해진다.	⓪①②③④
2. 감각 – 내부 감각		
1	스트레스를 받으면 어지러움, 가슴 답답함, 호흡 불편감 같은 증상이 쉽게 나타난다.	⓪①②③④
2	배고픔, 피로, 통증 같은 신체 신호를 남들보다 크게 느낀다.	⓪①②③④
3	몸 안에서 느껴지는 작은 변화에도 하루 컨디션 전체에 영향이 간다.	⓪①②③④
3. 생각		
1	과거의 실수나 상처가 반복해서 떠오른다.	⓪①②③④
2	아직 일어나지 않은 일에 대해 '혹시…'라는 걱정을 자주 한다.	⓪①②③④
3	생각에 깊이 빠져 주변 상황이나 사람의 말을 놓칠 때가 있다.	⓪①②③④

1	갑자기 불안해지면 그 감정이 꼬리를 물고 더 커지는 편이다.	⓪ ① ② ③ ④
2	슬픔이나 불안 같은 감정이 한번 올라오면 오래 지속된다.	⓪ ① ② ③ ④
3	주변 사람의 감정에 쉽게 영향을 받는다.	⓪ ① ② ③ ④

5. 외부 평가

1	다른 사람들이 나를 어떻게 생각할지 자주 신경 쓴다.	⓪ ① ② ③ ④
2	상대방의 말투나 표정 변화에 많은 의미를 부여한다.	⓪ ① ② ③ ④
3	혹시 내가 실수했거나 폐를 끼친 건 아닐지 곱씹는 편이다.	⓪ ① ② ③ ④

6. 내부 기준

1	스스로 세운 기준에 미치지 못하면 크게 실망하거나 자책한다.	⓪ ① ② ③ ④
2	남들이 보기엔 괜찮아도, 나는 만족하기 어렵다는 생각을 자주 한다.	⓪ ① ② ③ ④
3	'이 정도면 괜찮지 않을까'라고 넘어가기보다, 꼼꼼히 따지는 편이다.	⓪ ① ② ③ ④

<table>
<tr><td colspan="3">7. 압박감</td></tr>
<tr><td>1</td><td>일정이 빡빡하거나 마감이 다가오면 긴장이 크게 오른다.</td><td>⓪①②③④</td></tr>
<tr><td>2</td><td>빠른 결정이나 즉각적인 판단이 필요한 상황이 특히 부담스럽다.</td><td>⓪①②③④</td></tr>
<tr><td>3</td><td>동시에 여러 일을 처리해야 할 때 감당하기 버겁다는 느낌이 든다.</td><td>⓪①②③④</td></tr>
<tr><td colspan="3">8. 불확실성</td></tr>
<tr><td>1</td><td>계획이 틀어지거나 예상하지 못한 상황이 생기면 마음이 금세 불편해진다.</td><td>⓪①②③④</td></tr>
<tr><td>2</td><td>결과가 확실하지 않은 상황에서 쉽게 불안을 느낀다.</td><td>⓪①②③④</td></tr>
<tr><td>3</td><td>'확실히 알 수 없는 상태'를 견디기 어려워 계속 확인하고 싶어진다.</td><td>⓪①②③④</td></tr>
</table>

진단 결과

점수순으로 상황별 항목을 나열해 보세요. 그다음 점수가 높은 항목과 낮은 항목을 함께 살펴보세요. 단순히 '난 예민해'가 아니라 어떤 상황에서는 예민하고 어떤 때는 그렇지 않은지를 조금 더 균형 있게 바라볼 수 있습니다.

1. '감각 – 외부 감각' 점수가 높은 사람

빛, 소리, 냄새와 같이 오감 자극을 유발하는 환경에 민감하게 반응하는 편입니다. 자극이 많거나 정돈되지 않은 환경에서 쉽게 피로해질 수 있지만, 그만큼 주변 변화와 분위기를 섬세하게 감지하는 사람이기도 합니다.

2. '감각 – 내부 감각' 점수가 높은 사람

스트레스를 받거나 긴장되는 상황에서 몸의 변화를 민감하게 느끼는 편입니다. 컨디션의 작은 변화가 일상 전반에 영향을 줄 수 있지만, 자기 몸 상태를 잘 알아차리고 관리할 수 있는 장점을 지니고 있습니다.

3. '생각' 점수가 높은 사람

과거의 일이나 아직 일어나지 않은 일에 관한 생각이 많은 편입니다. 신중하고 자기 성찰을 잘한다는 장점이 있지만, 생각에 머무는 시간이 길어지면 현재에 집중하기 어려울 수 있습니다.

4. '감정' 점수가 높은 사람

감정을 선명하고 깊게 느끼는 유형입니다. 때론 쉽게 불안해지고 감정을 다루기 어렵다고 느낄 수 있지만, 그만큼 삶을 더 풍부하고 깊이 있게 경험할 수 있고 타인의 감정에도 민감하게 반응하는 공감 능력을 지니고 있습니다.

5. '외부 평가' 점수가 높은 사람

타인의 반응이나 평가에 주의를 기울이는 편입니다. 관계에서 배려가 많아 주변 사람들에게 좋은 피드백을 듣지만, 남의 시선을 지나치게 의식할 경우 스스로를 지치게 만들 수 있습니다.

6. '내부 기준' 점수가 높은 사람

자기 자신에게 적용하는 기준이 높은 편입니다. 책임감 있고 꼼꼼하다는 장점이 있지만, 기준에 미치지 못한다고 느낄 때 자기비판이 커질 수 있습니다.

7. '압박감' 점수가 높은 사람

급한 일정이나 경쟁 상황처럼 외부에서 주어지는 요구에 부담을 크게 느끼는 편입니다. 잘 해내고자 하는 마음과 책임감이 크지만, 압박이 누적되면 쉽게 소진될 수 있습니다.

8. '불확실성' 점수가 높은 사람

결과나 상황을 예측하기 어려울 때 불안을 쉽게 느낄 수 있습니다. 예상 밖의 변화를 부담스럽게 여기지만, 꼼꼼하게 계획하고 준비하는 태도는 이 유형의 큰 강점입니다.

2. 나는 예민한 상황을 마주했을 때 '어떻게' 행동할까?

다음 문항을 읽고 평소의 나와 가장 가까운 정도를 선택하세요.

⓪ 전혀 아니다 | ① 드물다 | ② 가끔 그렇다 | ③ 자주 그렇다 | ④ 거의 항상 그렇다

1. 접근 ↔ 회피

A. 접근 경향

1	긴장되는 상황에서도 '해보자'라는 마음으로 시도하는 편이다.	⓪①②③④
2	예민해지는 상황을 피하기보다, 경험을 통해 익숙해지려 한다.	⓪①②③④

B. 회피 경향

3	불편해질 것 같으면 가능한 한 그 상황을 피하려 한다.	⓪①②③④
4	긴장되는 자리는 최대한 미루고, 참석하더라도 일찍 빠지는 편이다.	⓪①②③④

2. 과잉 반응 ↔ 과소 반응

C. 과잉 반응

| 1 | 사소한 자극에도 화, 불안감, 긴장이 강하게 올라온다. | ⓪①②③④ |
| 2 | 불안할 때 행동한 후 '왜 그렇게까지 했지?' 하고 자책하는 경우가 많다. | ⓪①②③④ |

D. 과소 반응

| 3 | 불편한 상황이어도 겉으로는 아무렇지 않은 척하는 편이다. | ⓪①②③④ |
| 4 | 속상한 일이 있어도 표현하지 않고 혼자 넘긴다. | ⓪①②③④ |

3. 내부 적응 ↔ 외부 적응

E. 내부 적응(자기 변형)

| 1 | 문제가 생기면 환경보다 나 자신에게서 원인을 찾는 편이다. | ⓪①②③④ |
| 2 | 갈등 상황에서 상대에게 요구하기보다, 내 기준이나 기대를 조정하려는 편이다. | ⓪①②③④ |

F. 외부 적응(환경·타인 변형)

| 3 | 불편함을 느낄 때 그 원인이 나 자신보다는 상황이나 상대에게 있다고 생각하는 경우가 많다. | ⓪①②③④ |
| 4 | 불편함이 쌓이면 요구하거나 항의하는 쪽을 선택한다. | ⓪①②③④ |

점수순으로 유형별 항목을 나열해 보세요. 내가 예민해지는 상황에 따라 반응은 달라질 수 있지만, 내가 예민해지는 상황에서 자주 선택하는 대응 방식의 경향을 가늠해 볼 수 있습니다.

1. 접근 ↔ 회피

A. 접근 경향

긴장되거나 부담스러운 상황을 만나도 그걸 극복하려고 노력하는 편입니다. 자칫 무리하다 보면 심리적으로 소진되기 쉽습니다.

B. 회피 경향

당장의 부담을 줄이려고 불편하거나 긴장되는 상황을 피하는 경향이 있습니다. 단기적으로는 마음이 편해질 수 있지만, 같은 상황이 반복될수록 더 큰 부담으로 느껴질 수 있습니다.

2. 과잉 반응 ↔ 과소 반응

C. 과잉 반응

예민해지면 감정이 크게 올라오고, 말이나 행동도 평소보다 과해지는 편입니다. 순간적인 반응 이후 후회나 자책으로 이어지며 스스로를 더 몰아붙이게 될 수 있습니다.

D. 과소 반응

불편함을 느껴도 표현하지 않고 속으로 삼키는 편입니다. 때로는 자신의 감정조차 잘 느끼지 못하기도 합니다. 갈등은 줄어들 수 있지만, 감정이 쌓이면 뒤늦게 터질 수 있습니다.

3. 내부 적응 ↔ 외부 적응

E. 내부 적응(자기 변형)

문제가 생기면 환경보다 자신을 먼저 바꾸려는 경향이 있습니다. 책임감이 크고 성찰적이지만, 지나치면 자기 비난으로 이어질 수 있습니다.

F. 외부 적응(환경·타인 변형)

불편함의 원인을 상황이나 타인에게서 찾고, 이를 바꾸는 쪽을 선택합니다. 필요한 말이나 요구를 분명히 할 수 있다는 장점이 있지만, 관계에서는 갈등이 잦아질 수 있습니다.

차 례

1장
예민함을 숨기는
예민한 사람들

남들보다
더 크게
받아들이는
사람들

'예민함'이란 무엇일까요? 우리가 일상에서 "예민하다"라고 말하는 상황을 떠올려 봅시다.

'나는 인간관계에 예민해. 그래서 별것 아닌 말에도 상처를 받아.'

'나는 작은 소리에도 예민해. 층간 소음이 들릴 때면 너무 짜증이 나.'

'난 카페인에 예민해. 커피 한 잔만 마셔도 심장이 벌렁거려.'

'난 너무 예민한 것 같아. 전에 실수한 일이 계속 떠올라서 잠들기 어려워.'

'저 사람은 너무 예민해. 자기 기준에 맞지 않으면 참질 못한

다니까.'

'난 새로운 업무를 할 때마다 너무 예민해져. 그래서 집에 가면 아무것도 할 수 없을 정도로 지쳐.'

이처럼 우리는 다양한 상황에서 예민하다는 표현을 사용합니다. 신체감각, 소리, 촉각, 사람이 붐비는 장소, 부정적인 생각, 작은 감정 변화, 다른 사람의 말투나 표정, 자기만의 기준, 낯선 일이나 환경, 일이 한꺼번에 몰리는 상황 등. 이 표현이 쓰이는 맥락과 그 의미는 다양하고 넓습니다.

이처럼 예민함을 느끼는 상황은 다양하지만 '예민함'을 말할 때 한 가지 공통점이 있습니다. 그것은 바로 '더 많은 자극을 받는다'라는 의미를 내포하고 있다는 점입니다.

어떤 상황이든 예민한 사람은 더 많은 자극을, 더 강하게 받습니다. 소리에서 오는 자극을, 다른 사람 표정에서의 미세한 변화를, 카페인과 같은 화학적 반응을, 작은 실수에서 오는 불안한 감정을, 자기 기준에서 벗어났을 때 다가오는 불편한 감정을, 새로운 환경과 변화에서 오는 자극을 더 크게 느낍니다. 즉, 자극에 대한 역치가 낮다고 할 수 있습니다. 이 낮은 역치로 인해 같은 상황에서도 예민한 사람은 더 많은 정보를 받아들이게 되는 것이죠.

나만 이렇게 자극에 민감한 걸까?

예민한 사람에 관한 연구 논문들에서는 '매우 예민한 사람Highly Sensitive Person, HSP'이나 '감각 처리 민감성Sensory Processing Sensit_vity, SPS'이라는 용어가 자주 등장합니다. 이 개념은 뇌가 물리적, 감정적, 사회적 상황에서 오는 외부 자극을 더 깊고 강하게 처리하는 신경학적 특성을 말합니다. 이를 아주 쉽게 말하면 '더 많은 자극을 받는다'라는 뜻이죠.

이렇게 더 많은 자극을 받은 사람은 '더 크게 반응'할 가능성이 높습니다. 작은 소리에도 남보다 더 놀라고, 다른 사람은 눈치채지 못한 작은 표정이나 말투의 변화에도 감정이 요동칩니다. 남들은 별 차이를 느끼지 못하는 온도 변화에 쉽게 잠에서 깨기도 합니다. 자극을 더 느끼는 만큼 '당연히' 더 크게 반응하는 것이지요.

더 크게 반응한 만큼 흥분된 감각, 감정, 생각이 가라앉는 데에도 더 오랜 시간이 걸립니다. 낮에 친구가 무심코 던진 농담의 의미를 찾기 위해 밤새 곱씹으며 '혹시 친구가 나를 싫어하는 건 아닐까?', '날 비난한 말은 아니었을까?'라는 생각에서 벗어나기 힘들어합니다. 불안한 감정을 쉽게 진정시키기 어렵고 근육 긴장, 두통, 복통이 지속되기도 합니다. 또 새로운 업무에 적응하는 데 모든 에너지를 다 써버려서 재충전할 시간이 더 오래 필요하기도 합니다.

이처럼 더 큰 자극을 받고, 더 크게 반응하며, 그 반응이 가라앉는 데에 더 오랜 시간이 걸리는 예민한 사람은 전 세계 인구의 약 15~20퍼센트를 차지한다고 알려져 있습니다.

예민한 사람은 성별, 나이, 문화와 상관없이 과거부터 늘 존재해 왔습니다. 고대 그리스의 의학자이자 철학자인 히포크라테스와 갈레노스는 인간의 몸을 구성하는 네 가지 체액(혈액, 점액, 황담즙, 흑담즙)이 균형을 이루어야 건강하다고 주장했습니다. 이 체액 이론을 바탕으로 인간의 성격을 네 가지 기질로 나누었는데요, 그중 우울질melancholic temperament 성향의 사람은 '생각이 깊고 감정이 섬세하여 사색적, 예술적인 성향을 보이지만 종종 비관적이며 쉽게 우울해질 수 있다'라고 설명했습니다. 예민한 성향과 비슷한 이 기질이 고대 그리스에서도 언급되었다는 것은 예민함이 인류 역사 속에 꾸준히 존재해 온 보편적 특성임을 보여줍니다.

예민함은
병이 아니다

예민함을 바라보는 몇 가지 오해도 있습니다. 그중 하나는 남성보다 여성 중 예민한 사람이 더 많다는 믿음입니다. 하지만 연구에 따르면 예민한 사람의 비율은 성별과 큰 연관이 없습니다. 다만 자신이 느끼는 정도를 직접 평가하는 '자기 보고 척도'에서 여성이 더 높은 점수를 보이는데요. 이는 남성의 경우 자신의 감정이나 예민함을 드러내지 말아야 한다는 사회적 기대의 영향 때문이며 실제로는 남성도 여성만큼 예민할 수 있습니다.

또 다른 오해는 예민한 사람이 MBTI 성격 유형에서 '감정형 (F형)'일 거라는 생각입니다. 꼭 그렇지는 않습니다. 감정형은 객관적 사실이나 논리적인 분석보다 주관적인 가치관, 인간관계의 조화 등이 행동 결정에 더 큰 영향을 미치는 성향을 말합니다. 감정형인 사람에게는 옳고 그름보다 좋고 싫음이 선택의 기준이 되는 경향이 있습니다. 하지만 예민한 사람 중에는 논리와 사실 관계에 근거해 행동을 결정하는 사람도 많습니다.

예민함은 '수신 기능이 발달한' 사람에게 나타나는 특성일 뿐, 성격 유형은 예민함의 본질이 아닙니다. 예민한 사람은 외향적일 수도, 내향적일 수도 있습니다. 어떤 예민한 사람은 체계적이고 계획적인 삶을 선호하지만, 어떤 사람은 즉흥적이고 개방적인 삶을 더 편하게 여깁니다. 지능도 마찬가지입니다. 예민하다고 해서 꼭 지능이 높은 것도 아니고, 반대로 지능이 높다고 해서 모두 예민한 것도 아닙니다.

마지막으로 강조하고 싶은 점은 예민한 성향은 고쳐야 할 질병이나 문제가 아니라는 것입니다. 정신과 의사가 정신질환을 진단할 때는 《정신질환 진단 및 통계 편람DSM》이라는 책을 참고합니다. 미국정신의학회에서 발행한 이 책은 정신질환의 분류와 진단 절차를 체계적으로 기술한 진료 지침서로, 현재 전 세계 대부분의 정신건강의학과 진료 및 연구에서 이 기준을 사용하고 있습니다. 그런데 이 책 어디에도 예민함을 정신질환으로 포함한 곳은 없습니다.

물론 예민한 사람이 과도한 자극을 받으면 쉽게 지치고 불안해하기도 합니다. 일부 예민한 사람은 우울감이나 불안감과 같은 정서적 어려움, 불면이나 식욕 저하, 두통과 이상 감각 등 다양한 신체적 불편감을 경험하기도 합니다. 하지만 예민한 사람 모두가 그런 것은 아닙니다.

반대로 뇌에 자극이 적게 전달되는 (예민함의 반대말을 '둔감함'이라고 한다면) 둔감한 사람도 정서적, 신체적 어려움을 겪을 수 있습니다. 오히려 예민한 사람이 스트레스를 받거나 좌절을 경험한 후에도 무너지지 않고 다시 일어나 성장하는 힘인 '회복 탄력성'이 더 높다는 연구도 있습니다. 그 특성을 잘 활용하기만 하면 말이죠.

그럼 이제 표현을 이렇게 바꿔보면 어떨까요. '난 예민해'가 아니라 '난 어떤 상황과 자극에 관한 수신 기능이 발달했을까?'로 말이죠. '수신 기능이 발달했다'라는 표현은 훨씬 긍정적으로 다가오지 않나요?

또 이 질문은 나를 좀 더 중립적인 시선으로 바라볼 수 있도록 도와줍니다. '난 예민하니 어쩔 수 없어'라는 좌절 섞인 판단 대신, '나는 어떤 자극에 민감하게 반응하는 사람일까?'라는 호기심 어린 눈으로 나만의 특성을 관찰해 보세요. 나를 이해하는 방식이 조금씩 달라질 겁니다.

여러분의 어린 시절은 어땠나요? 스스로를 어떤 아이로 기억하고 있나요? 예민한 사람이라면 어릴 때부터 다음과 같은 모습을 보였을 가능성이 높습니다.

예를 들어, 낯선 공간과 사람에 예민한 아이는 새로운 곳에 가거나 처음 보는 사람을 만나면 부모 뒤에 숨거나 안기고 곁눈질만 하곤 합니다. 새로운 환경에 익숙해지는 데 다른 아이들보다 더 많은 시간이 걸립니다. 감각에 민감한 아이는 특정 음식의 질감과 향에 예민하게 반응해 편식하거나, 미용실에서 들리는 전기바리캉 소리와 가위, 빗의 감촉에 겁이 나 머리 자르기를 거부하기도 합니다.

무서움과 걱정이 많은 아이도 있습니다. 그림자, 어둠, 천둥과 번개 등의 자연현상 흑은 특정 동물이나 식물, 책에서 본 귀신이나 괴물, 악당 등 상상 속 존재에 대해 두려움과 불안을 크게 느끼기도 합니다. 무섭거나 폭력적인 장면을 보고 밤이 되면 혼자 잠들기 어려워하기도 하지요. 또 이전에 했던 작은 실수나 미래에 일어날 수도 있는 질병, 사고, 부모와의 헤어짐 등을 떠올리며 부모에게 지금 자신이 괜찮은지 반복해서 확인받길 원하기도 합니다.

자기 기준에 미치지 못하는 상황, 자신과 의견이 다른 상황, 예상에서 벗어나는 상황을 견디기 어려워하는 아이도 있습니다. 원하는 물건을 얻지 못하거나 학교 성적, 놀이에서 만족스러운 결과를 얻지 못하면 화내거나 떼를 쓰기도 하고, 친구와의 작은 갈등이나 형제자매간 의견 충돌이 생기면 불안하그 짜증 나고 억울한 마음을 크게 느끼기도 합니다. 또한 대인 관계에 예민한 아이는 또래의 시선이나 평가에 민감해 자기주장을 하기 어려워하며, 심지어 교실에 들어가거나 등교하는 것 자체를 거부하기도 하지요.

예민한 아이들의 모습은 이처럼 다양하지만, 그 안에는 공통된 특성이 있습니다. 앞서 말한 더 큰 자극을 받고, 더 크게 반응하며, 그 반응이 가라앉는 데 더 오랜 시간이 걸린다는 점이지요. 자극의 종류가 무엇이든 이러한 특성은 아주 어린 시기부터 나타납니다.

예민함을 문제로 받아들이는 아이들

한편 예민한 아이는 부모나 주변 어른으로부터 은연중에 "우리 아이가 좀 예민해서요" 같은 부정적인 반응을 자주 경험합니다.

"왜 이렇게 말이 없니? 말 좀 해봐", "남자답게 해야지", "겁낼 필요 없어"와 같이 행동을 강요받기도 하고요. "뭘 그런 걸로 불안해하고 그래?", "또 저런다", "왜 그렇게 참을성이 없니?" 같이 자신의 감정을 부정당하고 참을성이 없거나 노력이 부족하다는 오해를 사기도 합니다.

"너무 예민하게 굴지 마. 앞으로 커서 어떻게 하려고 그래?", "손이 많이 가는 아이네"와 같은 말을 반복적으로 듣다 보면, 아이는 자신의 특성 자체가 문제이고 자신이 남에게 피해를 주는 존재라는 생각을 무의식적으로 받아들이기도 하지요.

물론 대부분의 부모나 어른들은 아이가 좀 더 편안해지길 바라는 마음에서 그런 말을 건넸을 겁니다. 하지만 예민한 아이에게 이런 말들은 예민함이란 잘못된 것이고, 그래서 고쳐야 할 성격이라는 메시지로 전달됩니다. 더구나 예민한 아이들은 다른 사람의 표정이나 태도에 민감하기 때문에 부모나 어른의 한숨 짓는 모습, 다소 귀찮아하는 표정을 볼 때면 스스로를 부정적으로 바라보게 됩니다. 결국 점점 자신을 부족하고 문제 있는 존재로 여기며 '내 성격이 너무 싫어', '난 왜 이렇게 태어난 걸까'라는 부정적인 자기 인식으로 고통받기도 합니다.

하지만 아이들은 부모와 어른의 바람과 기대에 부응하고 싶고, 그들을 실망시키지 않기 위해 억지로 용기를 내어봅니다. 다행히 어떤 아이는 생각보다 잘 버텨내기도 합니다. 하지만 그렇다고 불편하고 불안한 마음까지 사라지는 것은 아닙니다. 단지 참을 뿐, 어떻게 대처해야 할지는 여전히 모릅니다.

그래서 조금이라도 예민해질 상황을 미리 피하려 애씁니다. 또 주변에서 예민함을 문제로 여기거나 "그 정도는 참아야 한다"라는 식의 무리한 요구를 받을수록, 아이는 자신의 불안이나 예민함을 드러내지 않으려 합니다. 심지어 자신이 예민하다는 사실 자체를 아예 부정해 버리는 아이도 있지요.

오직 나만이 느낄 수 있는
순간을 떠올리기

한 가지 고백을 하자면 저도 예민한 아이였습니다. 다른 사람의 시선, 특히 또래 아이들의 시선에 무척 민감했죠. 버스를 타면 항상 손잡이로 얼굴 반쪽을 가리곤 했습니다. 다른 아이들이 저를 보며 "재는 왜 저렇게 생겼어?", "피부가 너무 까맣지 않니?" 같은 이야기를 하는 것만 같았습니다.

제 얼굴에는 어릴 적 앓았던 수두의 흉터가 여러 개 있는데, 그 흉터가 옆에 있는 여학생들의 관심거리인 양 느껴졌습니다. 그 흉터를 두고 수군거린다는 생각에 불안했습니다. 혹시라도 버스에서 누군가와 우연히 눈이라도 마주치면 재빨리 고개를 돌려 시선을 피하곤 했지요. 그렇게 손잡이로 한쪽 얼굴을 열심히 가린 채, 버스에 탄 사람들이 빨리 내리기만을 바라던 기억이 아직도 선명합니다.

예민함은 이처럼 외부 자극을 더 크게 느끼고, 심지어 실제가 아닌 일을 사실이라고 받아들이게 만들기도 합니다. 특히 아직 인지 기능이 충분히 발달하지 않은 청소년기 이전의 아이는 귀신이나 외계인 같은 세상에 존재하지 않는 대상이나, '돌풍에 아빠가 날아가 사라지면 어쩌지?' 같은 과학적이지 않은 생각에도 쉽게 불안해합니다.

또 이 시기의 아이는 감정을 조절하고 언어로 표현하는 능력이 아직 미숙합니다. 그래서 예민함으로 인해 생긴 불안한 마음이 떼를 쓰거나 소변을 보지 못하거나 두통이나 복통 같은 신체 증상을 호소하는 모습으로 나타나기도 합니다. 이런 아이의 모습을 보며 부모는 안 그래도 예민한 아이가 점점 더 예민해진다며 걱정하기도 하지요.

청소년기 아이들은 대인 관계에 특히 민감해서 자신이 다른 사람에게 어떻게 보일까를 끊임없이 고민합니다. 많은 청소년은 마치 모든 승객이 자신을 바라보고 주목하고 있는 것처럼 느끼는데, 이런 현상을 '상상 관객imaginary audience'이라고 부릅니다. 버스 안에서 모든 승객이 제 얼굴을 쳐다보고 있다고 느꼈던 저의 경험이 바로 상상 관객의 전형적인 모습이지요.

소아청소년기 때 예민함의 대상은 발달 단계에 따라 자연스럽게 변합니다. 영아기에는 큰 소리가 나거나 깜짝 놀라는 상황, 부모와 떨어지는 상황에 민감하게 반응합니다. 아이가 걷고 말하는 시기에는 괴물이나 귀신 같은 상상 속의 존재, 어둠이나 그림자처럼 모호한 자극에 쉽게 불안해합니다. 만 5~6세 무렵의 아이는 다치거나 납치당하는 등의 신체적 안전 문제, 폭풍이나 천둥 같은 자연현상에 특히 민감하고요. 초등학생이 되면 학교

성적, 운동 능력, 친구와의 관계에서 소외되는 상황을 많이 걱정합니다. 청소년기에는 앞에서 말한 것처럼 사회적 관계와 타인의 평가에 특히 예민해지게 되지요. 이처럼 (정도의 차이는 있지만) 소아청소년기 아이들이 종종 보이는 예민하고 불안해하는 모습은 누구에게나 자연스럽게 나타나는 보편적인 현상입니다.

다만 예민한 아이는 불안한 감정에 더 쉽게 휩싸이고, 그 상황을 회피하려 하거나 부모의 도움과 위안을 더 많이 요구하기도 합니다. 또 또래 아이들이 성장하면서 자연스럽게 예민함의 대상을 극복하는 동안 여전히 불안해하기도 하지요. 예를 들어, 초등학교 고학년이 되어서도 어둠에 대한 두려움이 커 혼자 잠들기 어려워하거나, 청소년이 되었는데도 부모와 잠시 떨어지는 상황을 여전히 견디기 힘들어하는 모습 등이 바로 그것입니다.

혹시 여러분도 어렸을 때 이런 모습을 보이진 않았나요? 각자의 어린 시절을 한번 곰곰이 떠올려 보세요. 그리고 이제 다시 질문을 바꿔볼 차례입니다. 이번에는 '난 어렸을 때부터 항상 예민했어'라는 표현을 '난 어렸을 때부터 수신 기능이 발달했어. 어떤 상황과 자극에 특히 민감하게 반응했을까?'라는 질문으로요.

'어릴 때부터 항상 예민했으니까 앞으로도 어쩔 수 없겠지' 하는 무력감이 섞인 섣부른 '판단' 대신 어떤 수신 기능이 발달했었는지 따뜻한 눈으로 어린 시절을 다시 마주해 보세요. 그렇게 스스로를 바라보다 보면, 예민해서 힘들었던 기억을 넘어 다른 사람은 느끼지 못했던 특별한 감정, 감각, 감동의 순간들이 떠오를지도 모릅니다.

누군가는 작은 소리에도 쉽게 놀라고, 누군가는 새로운 업무를 받을 때 불안해집니다. 소리에 예민한 사람은 시끄러운 장소에서 벗어나 조용한 장소를 찾고, 때론 큰 소리를 낸 사람에게 짜증을 내기도 합니다. 낯선 업무에 불안을 느끼는 사람은 초조함에 일에 집중하지 못할 수 있고, 반대로 더 꼼꼼하게 준비하면서 불안한 마음을 다스리려 하기도 하지요.

이처럼 예민한 사람이 보통 사람과 남다른 반응을 보이는 데에는 크게 두 가지 이유가 있습니다. 첫째는 예민함을 느끼는 대상의 범위가 더 넓고 다양하기 때문이고, 둘째는 예민함에 반응하는 방식이 다르기 때문입니다. 여기서는 예민함을 느끼는 다양한 대상에 관해 이야기해 보겠습니다.

　연구에 따르면, 예민한 사람은 음식이나 카페인 같은 물질 자극, 다른 사람의 기분이나 사람이 많이 모인 상황 같은 사회적 자극, 청각과 시각, 촉각과 같은 감각 자극, 생각과 감정, 배고픔이나 통증 같은 몸 안에서 느껴지는 내적 자극에 민감할 수 있다고 합니다. 어찌 보면 삶의 거의 모든 영역에서 예민해질 수 있는 것이죠. 하지만 앞서 말했듯 예민한 사람마다 각자 민감하게 반응하는 대상은 다릅니다. 지금부터는 그 대상에 관해 조금 더 자세히 알아보겠습니다.

예민하게 느끼는 자극 유형	
물질 자극 (예: 음식, 카페인)	사회적 자극 (예: 타인의 기분, 사람이 많이 도인 상황)
감각 자극 (예: 청각, 시각, 촉각)	내적 자극 (예: 생각, 감정, 배고픔, 통증)

내 수신 기능은
언제 민감하게 발동할까?

먼저 '감각'에 예민한 사람이 있습니다. 시각, 청각, 후각, 미각, 촉각의 오감이 발달한 경우가 대표적입니다. 환경 변화에 민감하고, 과도한 소음, 강한 빛과 냄새가 불쾌하게 다가오며, 시끄러운 환경에서는 집중하기 어렵고 심지어 괴롭다고 느끼기도 합니다. 목까지 오는 까슬까슬한 재질의 옷을 입으면 하루 종일 신경이 곤두서기도 하지요.

외부 감각뿐만 아니라 내부 감각에도 민감할 수 있습니다. 배고픔, 피로, 통증, 가슴 떨림을 더 크게 느끼고 더 불편해합니다. 작은 스트레스에도 어지러움, 호흡 불편감, 이물감 등을 더 쉽게 느끼기도 하지요. 중요한 일이 있을 때 설사나 변비에 시달리기도 합니다. 자극으로 인해 흥분된 각성 상태가 잘 가라앉지 않아 잠을 이루지 못하거나 자주 깨어나기도 합니다.

이렇게 외부, 내부 감각에 예민한 사람 중 일부는 여름이나 겨울같이 특정 시기에 더 쉽게 우울한 기분을 느끼기도 합니다. 실제로 정신건강의학에서는 '계절성 양상의 주요우울장애'라는 진단이 있습니다. 계절성 우울증은 가을이나 겨울에 시작해서 봄에 증상이 호전되는 것처럼 특정 시기에 우울감이 시작되고 사라지는 양상을 보입니다. 이 현상의 이유를 명확하게 설명하기는 어려우나 겨울에 증상이 악화하는 계절성 우울증은 일조량과 관련이 있다고 알려져 있습니다. 즉, 일조량이 줄어드는 겨울철에 우울증에 걸릴 가능성이 커진다는 말이지요. 일조량 변화라는 외부 감각 자극에 민감하게 반응해 감정에도 영향을 준다고 이해할 수 있습니다.

'생각'에 예민한 사람드 있습니다. 어린 시절의 트라우마, 가족에게 받은 상처, 작은 실수 등 과거의 기억이 끊임없이 떠오르거나, '혹시 운전하다가 사고가 나지는 않을까', '큰 병에 걸리지는 않을까'와 같이 미래에 일어날 수 있는 일을 과도하게 걱정합니다. 때론 갑자기 떠오른 생각에 깊이 빠져 주변 사람의 이야기를 놓치기도 하지요. 연인이나 배우자의 외도를 의심하는 것부터 삶과 죽음의 의미를 사색하는 것까지 생각의 범위와 깊이는 다양합니다.

'감정'에 예민한 사람은 미세한 감정 변화를 더 깊기 느끼고, 그 감정 변화에 마치 롤러코스터를 탄 것처럼 격하게 반응합니다. 슬픔과 불안, 분노, 무서움 등의 감정뿐만 아니라 기쁨, 즐거움, 만족감, 아름다움, 사랑 등의 감정도 남들보다 더 풍부하게 느끼고, 영화나 예술 작품을 보며 더 깊이 감동하기도 하지요.

이들은 자신의 감정뿐만 아니라 타인의 감정에도 민감합니다. 주변 사람의 감정 변화를 민감하게 알아차리고, 심지어 그 감정에 동화되기도 합니다. "주변 사람들의 감정에 전염될 때가 있어요. 친구가 선생님께 혼나는 모습을 보는 것만으로도 제가 불안해지거든요", "친구가 슬픈 이야기를 하면서 울면, 저도 눈물을 참기 힘들어요"와 같은 '감정 전염' 현상은 감정에 예민한 사람에게 흔하게 나타납니다.

'외부 평가'에 특히 민감한 사람도 있습니다. 이런 사람들은 관계에 예민하다고 느낍니다. 타인의 말투나 표정, 기대나 요구, 사회적 평가에 민감해 과도하게 남에게 잘 보이려 하거나 다른 사람이 나를 어떻게 생각하는지 항상 의식하며 불필요한 에너지를 낭비하기도 합니다.

혹은 작은 갈등 상황조차 만들지 않으려 애쓰기도 하지요. 갈등 상황 자체를 두려워하고 회피하는 경향을 '갈등 공포'라고 부르는데요. 갈등 공포가 큰 사람은 겉으로는 '성격 좋은' 사람으로 보일 수 있지만, 내면에서는 끊임없는 고민과 괴로움에 시달릴 수 있습니다.

외부 평가에 민감한 사람은 '혹시 내가 실수한 건 아닐까?', '내가 그 사람에게 폐를 끼친 건 아닐까?', '혹시 상대방이 나에게 실망하면 어쩌지?'와 같은 생각을 흔하게 합니다. 때론 다른 사람의 말과 행동에 과도하게 의미를 부여하고, 그 모든 말과 행동이 자신과 관련되어 있다는 생각에 빠지기도 합니다. '저 사람이 저렇게 말한 건 나를 싫어해서야'라고 단정하거나 이를 진실인 듯 굳게 믿기도 합니다. 이턴 사고방식을 심리학에서는 타당한 근거 없이 외부 사건이나 상황을 개인이 탓으로 돌린다는 의미에서 '개인화'라고 합니다.

또 주변에서 일어나는 일이 자신과 특별히 관련되어 있다고 믿는 '관계 사고'의 양상을 보입니다. 최근에는 SNS 활동이 일상화되면서 외부 평가에 여민해지는 경향은 더 커지고 있습니다. 다른 사람의 평가나 댓글, '좋아요'와 팔로워 수에 집착하고 '완벽한 나'를 보여줘야 한다는 모습을 흔히 볼 수 있지요(SNS가 예민함에 미치는 영향은 4장에서 좀 더 자세히 살펴보겠습니다).

외부 평가에 예민한 사람이 있는가 하면 '내부 기준'에 민감한 사람도 있습니다. 이들은 자신이 세운 높은 기준을 반드시 지켜야 한다는 압박감을 느낍니다. 어떤 사람은 과도하게 도덕성을 강조하고, 지나치게 양심적이어서 거짓말을 병적으로 싫어합니다. 완벽주의적인 성향을 보이는 사람은 작은 실수에도 크게 좌절하고 자책합니다. 아무리 주변에서 칭찬을 들어도 스스로 정한 기준에 미치지 못하면 불만족스럽지요. 어떤 사람은 항상 무엇인가 생산적인 일을 해야 한다고 믿으며 자신을 끊임없이 몰아붙입니다. 목표와 결과에만 집착해 과정에서 쌓이는 경험과 배움의 기쁨을 느끼기 어려워하기도 하지요.

'나는 반드시 이래야만 해'라는 스스로 세운 굴레 안에서 벗어나는 걸 힘들어합니다. 이 높은 기준을 자신에게만 적용하면 본인만 힘들겠지만, 때때로 그 기준을 다른 사람에게도 강요합니다. 그래서 주변 사람에게는 깐깐하고 원칙적이며 유별난 사람으로 보이기도 하지요.

내 수신 기능이 향하는
방향은 어디일까?

그 외 예민함의 대상으로 '압박감'과 '불확실성'이 있습니다. 이때 '압박감'이란 사람이 많은 곳, 긴박한 업무 마감 시간, 일정이 꽉 찬 상태, 동시에 많은 업무를 처리해야 하는 상황, 시험이나 평가 전날, 즉각적인 의사 결정이 필요한 순간 등에서 느끼는 심리적 압박감을 의미합니다.

심리적 압박감에 민감한 사람은 공간적, 시간적 제약에서 오는 긴장과 스트레스를 아주 크게 느낍니다. 특히 모든 일을 완벽하게 해내야 한다는 내부 기준이 높은 사람에게 이런 환경은 더욱 버겁습니다. 또 곱씹고 성찰하는 성향의 사람은 빠른 결정을 내려야 하는 상황에서 더 큰 스트레스를 느끼겠지요. 어떤 사람은 시험 전날의 압박감을 견디지 못해 정작 시험에서 실수를 반복합니다. 그렇게 실수한 경험으로 인해 다음 시험에 대한 불안감은 더 커지고, 이에 따라 더욱 큰 압박감을 느끼는 악순환에 빠지기도 합니다.

미래의 결과가 명확하지 않으면 쉽게 불안해지는 사람도 있습니다(이 책에서는 이런 성향을 보이는 사람을 '불확실성'에 예민한 사람이라고 부르겠습니다). 누구나 결론이 명확하지 않은 상황에서 불안을 느낍니다. 하지만 예민한 사람은 다른 사람이라면 그다지 불안해하지 않을 상황에서도 훨씬 큰 불안감을 느낍니다. 처음 해보는 일을 처리해야 하는 상황, 익숙한 루틴이 깨지는 상황처럼 예상치 못한 삶의 변화가 생기면 불확실성은 커지고, 그에 따라 불안감은 증폭됩니다.

정신의학에서는 '강박장애'를 앓는 사람이 불확실성에 극도로 민감한 사람이라고 볼 수 있습니다. '혹시라도 문이 덜 잠겼으면 어쩌지? 그래서 도둑이 들면?', '만약 병균이 내 손에 묻었으면 어쩌지? 그래서 큰 병에 걸리지는 않을까?' 강박장애를 앓으면 범죄, 병, 사고 등 부정적인 사건이 발생할 확률을 훨씬 크게 받아들입니다. 발생할 가능성이 거의 없는 극단적인 상황도 곧 현실이 될 것처럼 여기며 거대한 두려움에 휩싸이기도 하지요.

그리고 '만약 그 일이 일어나면 어쩌지?'라는 불확실성을 완전히 제거하기 위해 비효율적인 행동을 반복합니다. 문이 잠긴 것을 알면서도 수십 번 다시 집에 들어가 문고리를 확인하고, 병균이 남아 있을지도 모른다는 두려움에 몇 시간씩 손을 씻습니다. '만약 내 생각이 틀리면 어쩌지'라는 생각에 사로잡혀 자신만의 규칙과 의식을 반복하는 것이죠.

이런 모습은 자신이 알고 있다는 확신, 즉 '알고 있을 것 같은 느낌feeling of knowing'이 충분하지 않아서 생깁니다. 그래서 의심을 멈추지 못하고 같은 행동을 반복하는 것이지요(물론 예민한 사람 모두가 강박증 환자라는 뜻은 아닙니다. 다시 강조하지만 예민함은 병이 아닙니다. 다만 강박증 환자가 보이는 극단적인 예시를 들어, 불확실성에 예민한 사람의 특성을 좀 더 구체적으로 이해해 보려는 의도가 있었다는 점을 밝힙니다).

내부 감각과 외부 감각, 생각, 감정, 외부 평가와 내부 기준, 압박감과 불확실성 등 다양한 자극에 우리는 예민하게 반응할 수 있습니다. 예민함을 느끼는 대상은 한 사람에게 여러 가지가 동시에 나타날 수 있으며, 그 구분이 모호하기도 합니다.

시각에 예민한 사람이 감정에도 민감하게 반응한다면 예술 작품을 보면서 남보다 더 깊이 감동할 수 있습니다. 긴박한 마감 일정에 압박을 느끼는 사람이 완벽하게 일을 처리해야 한다는 높은 내부 기준을 가지고 있을 때 남들보다 훨씬 더 큰 스트레스를 받을 수도 있지요.

때론 대상의 구분이 명확하지 않을 수도 있습니다. 타인의 말에 담긴 의미를 지나치게 분석하는 사람은 '외부 평가'에 민감한 사람일 수 있고, 타인의 의도를 반복해서 떠올리는 '생각'에서 벗어나지 못하는 사람일 수도 있습니다.

이제 다시 '나는 어떤 상황과 자극에 관한 수신 기능이 발달했을까?'라는 질문으로 돌아가 봅시다. 지금까지 알아본 '예민함의 대상'이 바로 이 질문에서 말하는 '상황과 자극'이라고 이해할 수 있습니다.

그렇다면 여러분은 특히 어떤 대상에 민감하게 반응하나요? 예민해지는 상황은 매우 다양하겠지만 앞서 살펴본 대상 중 하나에는 분명 속할 겁니다. 나만의 수신 기능이 민감하게 작동하는 상황이 무엇인지 차근차근 찾아나가 보세요. 그렇게 우리는 우리 자신을 좀 더 알아갈 수 있습니다.

이번에는 예민해지는 상황에서 '어떻게' 반응하고 대응할지에 관해 알아보겠습니다. 예민함에 대응하는 방식을 살펴보기 전에 먼저 짚고 넘어가야 할 것이 있습니다. 첫째로 어떤 대응 방식이 더 우월하거나 바람직하다고 말하기는 어렵습니다. 각각의 대응 방식은 상황에 따라 장단점이 있으며 상호 보완적으로 작용할 수 있습니다. 둘째로 비슷한 상황에서 다른 대응 방식을 보일 수 있습니다. 같은 상황에서도 인간은 '항상 똑같이' 반응하지 않습니다. 불편한 상황을 피하다가도 때론 용기 내어 도전하기도 합니다.

이제 우리가 예민함에 대응하는 방식을 세 가지 관점으로 살펴보려고 합니다. 첫째는 접근과 회피, 둘째는 과잉 반응과 과소 반응, 셋째는 외부 적응(환경 변형 적응)과 내부 적응(자기 변형 적응)입니다.

이렇게 다양한 관점을 제시하는 이유는 우리의 행동을 더 입체적으로 살펴보고 이해하기 위해서입니다. 또한 우리가 예민한 상황에서 특정 행동을 할 수밖에 없는 수동적인 존재가 아니라, 자기 행동을 선택할 스 있는 능동적인 존재라는 점을 강조하기 위해서이기도 합니다.

발표할 때마다 불안을 크게 느끼는 사람이 그 불안을 없애려고 발표를 '항상' 피한다면, 성장과 배움의 기회를 잃게 됩니다. 혹은 '나는 이런 상황을 건디지 못하니까 어쩔 수 없어'라는 무력감에 빠질 수도 있습니다. 반대로 그다지 중요하지 않은 발표까지 모두 다 완벽하게 해내려 한다면 쉽게 지쳐버리겠지요. 이렇게 유연하지 못한 반응을 심리학에서는 '심리적 경직성'이라고 부릅니다(이에 관해서는 두에서 좀 더 살펴보겠습니다).

예민해지는 상황을 마주했을 때 어떻게 대응할지를 알고 유연하게 적용하는 것이 중요합니다. 만약 그 상황에서 자신의 생각, 감정, 신체감각에 지나치게 휘둘려 '항상 똑같이' 행등한다면 문제가 발생할 수 있습니다. 개인의 가치나 장기적 목표에 맞는 선택을 하지 못하고 삶의 폭이 제한되는 것이죠.

불편한 상황을 받아들이는
두 가지 방식

낯선 자극, 불확실성, 부정적인 결과의 신호를 느끼면 우리는 주로 행동을 억제하고 회피하려 합니다. 반대로 보상, 긍정적 결과가 예상될 때는 행동을 촉진해 적극적으로 시도하게 되지요.

회피하거나 접근하는 성향은 사람마다 모두 다릅니다. 어떤 사람은 새로운 도전에 끌리고, 어떤 사람은 평온한 상태를 유지하고 싶어 합니다. 그런데 많은 예민한 사람은 '회피' 전략을 선택합니다. 소음과 빛에 민감한 사람이 조용하고 어두운 방에 혼자 있기를 원하는 것처럼, 불안하고 긴장되는 상황에서 벗어나려 합니다.

반면 어떤 예민한 사람은 '접근' 반응을 보이기도 합니다. 타인의 평가에 민감한 사람이 남에게 더 좋은 인상을 주고 싶거나, 다른 사람들보다 잘하고 싶은 마음에 더 열심히 발표를 준비할 수 있습니다. 예민해지는 상황을 피하지 않고 오히려 적극적으로 대응하는 것이죠. 이처럼 예민한 사람은 자신이 예민해지는 상황에서 접근이나 회피 전략을 '선택'할 수 있습니다.

접근과 회피 전략에는 장단점이 있습니다. 접근 반응은 예민한 상황을 도전으로 받아들이고, 불편한 상황을 견디며 나아갈 때 성취감과 자기 효능감을 느끼게 합니다. 그러나 준비되지 않는 상태에서 과도한 자극에 노출될 때는 그 스트레스를 견디기 어렵습니다. 또 불편한 감정을 무시하고 밀어붙이다가 신체적, 심리적 소진을 겪기도 합니다.

한편 회피 반응에는 자기 보호 기능이 있습니다. 위협적인 상황에서 거리를 두어 내면의 에너지를 보존하고 잠시 회복할 시간을 가질 수 있습니다. 다만 회피가 반복되면 개인의 성장, 관계 형성, 새로운 경험에 방해가 됩니다. 그리고 불편한 상황을 피하기만 하면 일시적으로 불안감을 줄일 수는 있지만, 시간이 지날수록 그 상황이 더욱 두렵고 위협적으로 느껴집니다. 결국 또다시 도전을 미루고 회피하는 악순환에 빠지기도 하지요.

참다가 한 번에 터지는
사람들의 심리

이번에는 '과잉 반응'과 '과소 반응'의 관점에서 대응 방식을 이해해 봅시다. 이 관점은 예민해지는 상황에서 나타나는 정서와 행동 반응의 강도, 표현 수준을 설명합니다.

예를 들어, 누군가가 나에게 말실수했을 때 어떤 사람은 상대방의 말에 크게 화를 내고, 어떤 사람은 아무런 표현 없이 불쾌한 감정을 억누릅니다. 과잉 반응을 보이는 사람은 불편한 자극에 흥분, 분노 등 과도한 감정 표현을 보입니다. 배우자의 사소한 말에도 쉽게 화를 내거나, 혹시라도 일어날 수 있는 사고에 대한 걱정에 현관문 잠금장치, 가스 밸브를 여러 번 확인하거나, 층간 소음이 심하면 윗집에 올라가 격하게 항의하는 모습 등이 이 경우에 포함됩니다. 때론 과잉 반응 이후 지나치게 자책하거나 실수를 만회하려고 과도한 노력을 보이기도 합니다. 작은 말실수 후 친구에게 지나치게 긴 사과 메시지를 보내고 친구의 답장을 계속 확인하는 것처럼요.

반대로 불편한 자극에 대해 과소 반응을 보이는 사람도 있습니다. 감정을 억누르거나 심지어 무관심해 보이기도 합니다. 충분히 남에게 요구할 수 있는 상황에서도 아무 말도 하지 못하고 넘어가거나, 꼭 처리해야 할 문제도 미루게 됩니다. 불편한 상황을 지속적으로 회피하고, 사회적으로 고립되기도 하지요.

실제로 큰 사고나 심리적 충격 후 아무 감정도 느끼지 못하고 아무 생각도 들지 않아 멍하다고 표현하는 분을 진료실에서 만날 때가 있습니다. 어떤 분은 자해 이후 통증을 느끼지 못한다고 말하기도 하지요.

앞서 설명한 '회피' 반응의 대부분은 '과소 반응'에 해당합니다. 예민해지는 상황에서 행동을 억제하는 경우가 대부분이니까요. 다만 과잉 반응의 형태로 나타나는 회피도 있습니다. 예를 들어, 연인과 갈등이 생겼을 때 문제를 해결하기보다 '이 관계는 끝났어'라고 단정 짓고 갑작스럽게 이별을 통보한 뒤 잠수를 타는 경우나, 다른 사람의 평가를 걱정하면서 SNS에 과도하게 신경 쓰고 완벽한 이미지를 꾸며내는 모습은 불편한 관계나 감정을 피하기 위해 선택한 회피 기능을 가진 과잉 반응이라 할 수 있습니다.

외부 평가에 민감한 사람이 친구에게 무리한 요구를 받았다고 가정해 봅시다. 이때 아무렇지 않은 듯 쿨한 척하며 적극적으로 대응하지 않을 수 있고, 친구의 기대에 부응하고자 지나치게 노력할 때도 있습니다. 혹은 크게 다투고 관계를 완전히 끊어버리는 등 감정적으로 대응할 수도 있지요.

때로는 과소, 과잉 반응이 교대로 나타나기도 합니다. 처음에는 감정을 억누른 채, 친구의 무리한 요구를 그냥 받아줍니다. 하지만 상대방이 선의로 한 나의 행동을 당연한 것으로 여기면 무리한 요구는 반복되고 강도는 세집니다. 그러다 어느 순간 한계에 다다르면 억눌렀던 감정이 폭발해 크게 화를 내게 됩니다. 그 이후에는 죄책감에 휩싸여 다시 소극적으로 대처하는 식으로 반응이 오락가락할 수 있습니다. 이런 우왕좌왕하는 모습 때

문에 예민한 사람은 '어떻게 행동할지 예측하기 어렵다'라는 오
해를 받기도 하지요.

오늘의 선택이
내일의 경험을 바꾼다

마지막으로 예민한 상황에서 불안감을 느낀 후 변화를 시도할
때, 그 변화의 대상이 '자기 자신'인지, '외부 환경이나 타인'인지
에 따라 예민함에 대응하는 방식을 구분할 수 있습니다.

　한 개인의 욕구 충족을 위해 외부 환경이나 남을 바꾸려는 방
식은 '외부 적응'이라 합니다. 반대로 외부 세계에 맞춰 자기 자
신을 바꾸려는 방식은 '내부 적응'이라 하지요. 쉽게 말해 불편
한 상황에서 나를 바꾸려 하는가, 남이나 환경을 바꾸려 하는가
에 따라 구분하는 방식입니다. 예를 들어, '내 예민한 성격을 바
꿔야 해'라는 생각은 내부 적응, '왜 저 사람은 저런 말을 해서 나
를 불편하게 해? 그 사람이 바뀌어야 해'라는 생각은 외부 적응
의 모습입니다.

　대응 방식에 따라 예민한 사람에 대한 주변 평가도 상반될 수
있습니다. 내부 적응을 주로 하는 사람은 '소심한 사람'으로, 외

부 적응을 주로 하는 사람은 '까다로운 사람'으로 보이기 쉽지요.

이 두 대응 방식과 앞서 살펴본 과잉 반응, 과소 반응을 함께 고려하면 예민한 사람의 다양한 반응을 설명할 수 있습니다. 주로 내부 적응을 하는 사람이 보이는 끊임없는 자책과 과도한 노력은 과잉 반응, 어쩔 수 없다며 무력하게 개선을 포기하는 모습은 과소 반응으로 이해할 수 있습니다. 반면 외부 적응 성향의 사람이 보이는 타인을 향한 과도한 불만 제기나 분노 폭발은 과잉 반응, 문제를 방치하고 적극적인 대처 없이 방관하는 모습은 과소 반응과 연관이 되겠지요.

여기에 접근과 회피 관점을 추가하면, 우리의 행동을 더 잘 이해할 수 있습니다. 예를 들어, 자녀가 혹시라도 다칠까 봐 걱정하며 아이의 행동 하나하나에 온 신경이 곤두서는 부모가 있습니다. 부모가 자녀의 안전을 걱정하는 것은 자연스러운 일이지만, 어떤 부모는 그 불안감이 너무 커서 아이의 행동을 지나치게 통제하기도 합니다. 이 부모의 모습은 자녀의 행동을 바꾸는 방식으로 불안을 일으키는 상황을 '회피하려는 외부 적응'을 시도한 것이라 볼 수 있습니다. 반면 '내가 느끼는 불안한 마음을 다스려 보자'라고 되뇌며 자녀의 새로운 시도를 격려하는 부모도 있습니다. 불안한 상황을 피하지 않고 자신의 생각과 태도를 바꾸려는 것이죠. 즉, '내부 적응 방식으로 접근하는 태도'를 보여준 예라고 할 수 있습니다.

지금까지 예민함에 대응하는 방식을 세 가지 관점으로 살펴보았습니다. 이 접근법은 학술적 접근이라기보다는 자기 이해를 돕기 위한 실용적 접근입니다. 따라서 아직 학문적으로 완전히 검증되었다고 보기는 어렵습니다. 또 그 구분이 때론 명확하지 않고 서로 겹칠 수도 있습니다.

그럼에도 이런 접근을 제시한 이유는 다양한 관점으로 '나'를 바라볼 때 더 객관적이고 입체적으로 자신을 이해할 수 있기 때문입니다. 예를 들어 접근 방식, 과잉 반응, 외부 적응을 주로 보이는 사람은 타인의 말에 예민해질 때마다 공격적으로 반응하기 쉽습니다. 반면 회피 방식, 과소 반응, 내부 적응을 주로 보이는 사람은 아무 말도 하지 못한 채 자책하기 쉽습니다.

이처럼 여러분도 자신의 성향에 따라 반복되는 생각과 행동 패턴이 있을 겁니다. 이 패턴을 이해하는 것이 예민해지는 상황에서 우리가 더 다양하고, 능동적이며, 유연하게 대응할 수 있게 하는 첫걸음입니다.

예민함에서 오는 불편함을 잘 견뎌낼지, 낯선 환경과 사회에 잘 적응할지, 의미 있는 삶을 살아갈지는 예민함 그 자체가 아니라 예민함에 어떻게 대응하느냐에 달려 있습니다. 불편한 상황에 맞서는지 혹은 피하는지(접근과 회피), 불편한 상황에서 오는 감정과 행동을 크게 표현하는지 혹은 억누르는지(과잉 반응과 과소 반응), 자신을 바꾸려 하는지 혹은 상대방을 바꾸려 하는지(내부 적응과 외부 적응)는 우리가 어떤 방식으로 살아가고 있는지 보여줍니다.

다시 강조하지만, 어느 방식이 다른 방식에 비해 우월하거나 열등한 것은 아닙니다. 옳고 그른 것도 아닙니다. 다양한 행동을 상황에 맞도록 '유연하게' 선택할 수 있으면 됩니다.

예민해서 생기는 불편한 감정은 어떤 행동을 유발할 수 있지만, 그 행동을 결정짓지는 않습니다. '난 예민해서 항상 이럴 수밖에 없어'라는 좌절 섞인 자기 비난이 아닌, '난 예민하지만 그래도 이런 선택을 할 수 있어'라는 희망이 깃든 용기가 필요합니다. 우리 모두에게는 자신의 행동을 선택할 힘이 있다는 사실을 잊지 마세요.

남들보다
약하고,
에너지가
부족하다는 착각

미국의 심리학자 레이먼드 커텔과 찰스 스필버거 등은 불안을 두 종류로 나눴습니다. '특성 불안'과 '상태 불안'이 그것입니다.

특성 불안이란 개인이 지닌 고유한 불안 성향으로, 다양한 상황에서 얼마나 쉽게 불안해지는지를 의미합니다. 반면 상태 불안이란 특정 상황이나 시기에 일시적으로 나타나는 불안 반응을 뜻합니다. 특성 불안은 타고난 성향이기에 시간이 지나도 크게 변하지 않지만, 상태 불안은 순간순간마다 변하는 특징을 보입니다. 일반적으로 특성 불안이 높은 사람일수록 외부 자극을 더 위협적으로 느끼기 때문에 상태 불안도 더 자주 경험하는 걸로 알려져 있습니다.

무던했던 사람이
어느 순간 바뀌는 이유

예민함도 타고난 성향으로 어린 시절부터 드러나는 예민함과 특정 상황에서 일시적으로 나타나는 예민함이 있습니다(이 책에서는 각각을 '타고난 예민함', '일시적 예민함'이라 부르겠습니다).

예민한 사람 대부분은 어렸을 때부터 감각이나 관계에서 예민한 모습을 보입니다. 나이가 들어서도 그 특성은 크게 변하지 않지요. 한편 스트레스를 받는 상황에서는 (정도의 차이는 있지만) 누구나 일시적으로 예민해질 수 있습니다. 중요한 시험이나 이직을 앞두고 평소보다 더 쉽게 긴장하고, 작은 소음에도 더 민감해지고, 잠을 설치는 것처럼요.

만약 큰 좌절이나 실패, 배신과 위협을 겪어 스트레스 강도가 매우 높은 상황이라면, 평소 무던하던 사람도 매우 예민해질 수 있습니다. 과거에 겪은 트라우마와 비슷한 상황을 마주쳤을 때도 마찬가지입니다. 즉, 상황, 환경, 맥락에 따라 누구나 일시적으로 예민해질 수 있습니다. 그럼 진료실에서 본 일시적 예민함의 사례 몇 가지를 함께 살펴보겠습니다.

40대 남성 A는 안정된 직장과 가정, 높은 연봉으로 큰 굴곡 없는 삶을 살았습니다. 완벽주의적인 성향 탓에 간혹 동료의 일 처리를 못마땅하게 여기긴 했지만 그 외에 크게 불편하다고 느끼는 상황은 많지 않았습니다. 그래서 본인 스스로 무던한 사람이라고 생각했지요.

하지만 동업자의 권유로 시작한 투자가 막대한 손해와 법적 분쟁으로 이어지면서 A는 급격히 예민해졌습니다. 동업자를 향한 분노와 원망, 투자 결정에 관한 후회와 자책에서 벗어나기 어려웠습니다. 아내의 사소한 말에도 쉽게 짜증이 났습니다. 게다가 누적되고 있는 세금을 언제 독촉받을지 모른다는 생각에 심장이 빨리 뛰고, 식욕은 떨어졌으며, 잠에서 자주 깼습니다. 간혹 모르는 번호로 전화가 걸려 오면 '혹시 세무서는 아닐까'라는 걱정에 가슴이 철렁 내려앉기도 했습니다.

30대 여성 B는 원래도 예민하다는 이야기를 자주 듣곤 했습니다. 그런데 2024년 비상계엄령 발표 이후, 예민함은 폭발적으로 증폭되었습니다. 불안한 마음이 진정되지 않아 계엄령 발표 다음 날 오후까지 잠을 이루지 못했습니다. 하루 종일 관련 뉴스만 찾아보고, 감정적으로 동요가 되어 일에 집중할 수 없었습니다. 그러던 중 부모가 교회에서 진행하는 '구국 기도회'에 참여한다는 이야기를 들었을 때, 생각과 행동을 통제하기 어려웠습니다. 부모의 기도회 참여에 정치적 의도가 없다는 점을 머리로는 이해했지만 '혹시라도 정치적 의도가 있으면 어쩌지?', '그러다 부모님께 위험한 일이 생기는 건 아닐까'라는 걱정과 두려움을 떨쳐낼 수 없었습니다. 불안을 견디지 못해 부모의 휴대전화를 몰래 들여다보았고, 이 때문에 부모와 갈등이 생기기도 했습니다.

40대 여성 D는 최근 들어 우울하고 의욕이 없어서 이전에 좋아하던 취미 활동을 그만두고 모임에도 나가지 않았습니다. 가장 큰 문제는 6살 자녀에게 너무 화가 난다는 점이었습니다. 예전에는 그러려니 하고 넘겼을 아이의 사소한 행동에도 짜증이 나고, 때론 소리도 질렀습니다. 그런 자기 모습에 죄책감을 느끼고 '이제부터 그러지 말아야지' 매일 다짐했지만, 아이의 행동 하나하나가 너무도 못마땅하게 느껴졌습니다. "아이가 참 활발하네요"라는 다른 부모의 말이 '아이가 너무 산만해서 문제가 있다'는 식으로 들리기도 했습니다. 그래서 "아이를 잡게 돼요"라고 표현할 정도로 아이에게 과하게 반응하는 일이 많아졌습니다. 결국 D는 용기

를 내어 정신건강의학과의원을 찾았고, 상담 이후 우울증 치료를
받기 시작했습니다.

이 사례들처럼 사업 실패, 타인과의 갈등, 예상치 못한 상황과
같은 외부 요인이나 우울증, 수면 부족, 신체적·정서적 소진과
같은 내부 요인에 따라 우리는 종종 더 예민해집니다. 심지어 전
혀 예민할 상황이 아닌데도 자극이 너무 크고 깊게 다가옵니다.
그래서 나도 모르게 화를 내거나, 부정적인 생각과 감정에서 빠
져나오지 못하거나, 평소와 다르게 행동해 일상생활과 대인 관
계에 어려움을 겪기도 하지요.

마음을 돌보라는
신호를 놓치지 마라

타고난 예민함이 치료의 대상이 아닌 것처럼, 대부분의 일시적
예민함도 시간이 지나면 자연스럽게 줄어듭니다. 하지만 빠른
대처가 필요한 일시적 예민함도 있습니다. 가정, 직장, 관계에서
문제가 뚜렷하게 나타나는 경우, 주관적인 고통이 너무 커서 견
딜 수 없는 경우에는 전문가의 도움을 받아야 합니다. 특히 우

울과 불안, 잦은 신체 증상(두통, 복통, 가슴 답답함 등)과 불면 등의 정신적 어려움을 겪을 때 예민함은 극도로 커집니다. 이때 적절한 도움을 받으면 예민한 상태를 좀 더 빠르게 가라앉힐 수 있고, 그에 따른 부정적인 결과도 줄이거나 방지할 수 있겠지요.

예민함은 타고난 기질이지만, 예민하지 않은 사람(혹은 예민하지 않다고 믿는 사람)도 상황, 환경, 맥락에 따라 일시적으로 예민해질 수 있습니다. 평소에 침착하던 사람도 감정적으로 날을 세울 수 있고, 대범하던 사람도 때론 사소한 말에 상처받기도 합니다. 이는 지극히 자연스러운 현상입니다.

다만 평소 예민하지 않을 상황에서도 점점 예민해진다면, 주변 환경이나 상황의 변화, 현재의 스트레스나 압박 정도, 자신의 심리적, 정서적 상태를 세심하게 확인해야 합니다. 즉, 일시적으로 커지는 예민함을 잘 관찰하고, 도움이 필요한 상황인지 살펴봐야 합니다.

종종 이런 말을 듣습니다, "예전과 달리 요즘에는 별것 아닌 일에 크게 상처받는 것 같아요", "다른 사람들은 괜찮아 보이는데… 왜 저만 이렇게 힘들까요?", "이 정도 일에 크게 힘든 걸 보니 멘털이 너무 약해졌나 봐요."

일시적 예민함은 결코 우리의 약함을 말하지 않습니다. 오히려 현재 겪는 변화와 압박에 잘 적응하려는 시도로서, 환경 조절, 스트레스 관리, 마음 점검의 필요성을 알려줍니다. 즉, 자신을 보살피라는 내면의 신호인 셈이지요.

우리를 더 예민하게 만드는 상황 모두를 피할 수는 없습니다. 살다 보면 원치 않아도 실패와 좌절, 실망과 상실을 겪을 수밖에 없고요. 우울장애나 불안장애, 질병이나 신체 기능 저하와 같은 정신적, 신체적 어려움을 겪을 수도 있습니다. 다만 이렇게 일시적으로 예민해질 때 우리는 자신을 돌보는 기회로, 나를 변화시키는 계기로 받아들여야 합니다.

나는
'내가 아는 나'보다
훨씬
강하다

앞서 우리가 예민해지는 대상과 그에 관한 우리의 반응을 살펴보았습니다. 이제 이를 바탕으로 예민한 사람의 특성을 몇 가지 유형으로 나누어 보겠습니다.

먼저 감각, 생각, 감정, 외부 평가, 내부 기준, 압박감, 불확실성 중 각자가 예민해지는 상황을 선택해 봅니다. 그 대상이 여러 개일 수 있지만, 일단 가장 자주 경험하거나 불편한 상황을 고릅니다. 그다음 우리가 그 상황에서 '주로' 접근하거나 회피하는지, '주로' 과잉 반응하거나 과소 반응하는지, '주로' 자신을 변화시키려 하는지 환경을 바꾸려 하는지 살펴봅니다.

그럼 다음 표처럼 'A(예민함의 대상)-B(반응 방식)-C(반응 강도)-

D(적응 방향)'와 같이 여러분의 예민함을 유형화할 수 있지요. 만약 A-B-C-D 방식이 너무 복잡하다고 느껴진다면, A-B, A-C, A-D처럼 좀 더 단순하게 유형화해도 괜찮습니다.

예민한 사람의 특성별 유형			
예민함의 대상 (A)	반응 방식 (B)	반응 강도 (C)	적응 방향 (D)
감각 생각 감정 외부 평가 내부 기준 압박감 불확실성	접근 회피	과잉 반응 과소 반응	내부 적응 (나를 바꿈) 외부 적응 (환경을 바꿈)

자신이 B, C, D 유형 중 어디에 해당하는지 명확하게 구분하기가 어려울 수도 있습니다. 또 접근과 회피, 과잉 반응과 과소 반응, 내부 적응과 외부 적응 중 하나를 고르기가 애매할 수도 있지요. 하지만 자기 자신을 가장 잘 표현하는 한 가지 유형만 선택해도 스스로를 이해하는 데 충분히 도움이 됩니다.

이렇게 유형으로 이해하는 방식에는 큰 장점이 있습니다. 자기 자신을 객관적으로 설명해 주는 틀이 생기기 때문이죠. 단순히 '난 예민해'가 아니라 '난 이런 상황에서 특히 예민해져서 주로 이렇게 행동해'라는 새로운 관점이 생깁니다. 또 자신을 구체적으로 이해하고 정리하는 데도 도움이 되지요. 최근 유행하는 MBTI 문화도 자기 자신과 타인을 이해하려는 개인적인 노력이라는 점, 우리 사회가 외형이나 물질이 아닌 내면과 정신에도 관심을 두기 시작했다는 면에서 저는 긍정적으로 바라보고 있습니다. 이 책에서 제시한 예민함 유형도 MBTI처럼, 예민한 사람이 자신을 이해하고 수용하는 데 도움이 될 것이라 기대합니다.

다만 유형은 개인의 스신 기능과 대응 방식의 일반적인 경향성을 설명할 뿐, 모든 상황에서 같은 반응을 보이리라 예측하지는 않습니다. 반응과 대응 방식은 상황에 따라 바뀔 수 있습니다. 따라서 자신을 이해하는 하나의 도구로 유형을 활용할 수는 있지만, 자신을 한 유형으로 규정짓고 그 모습이 영원히 변하지 않을 것이라 여겨서는 안 됩니다.

스스로에게 붙이는 꼬리표가 위험한 이유

인간은 언어를 자유자저로 사용한다는 측면에서 다른 동물과 구분됩니다. 그러나 때로는 언어가 생각과 행동을 지배해 우리를 더 힘들게 하기도 합니다. "나는 예민하니까 이런 상황에서 이럴 수밖에 없어"처럼 스스로를 쉽게 규정하는 말은 변화와 발전 가능성을 없애버립니다. 이는 머릿속에 언어로 자신만의 규칙을 만들고, 자기 행동을 선택할 권리를 포기하며, 그 규칙에 따라 행동하는 것입니다.

심지어 아직 시도하거나 직접 경험해 보지 않은 상황에서조차 과거의 경험에 얽매여, 스스로가 규정한 언어에 속박당해 '항상', '언제나' 정해진 행동만을 하게 됩니다. '난 이랬으니까, 앞으로도 이럴 거야'라고 생각하고 행동해 버리는 것이죠. 이를 '규칙에 지배된 행동'이라고 합니다(여기서 규칙은 자신의 삶을 제한하는 생각입니다). 그리고 그 생각의 힘을 과도하게 믿을 때, 우리는 규칙이 정한 행동만을 하게 됩니다.

유리 용기에 벼룩을 넣고 뚜껑을 덮은 뒤 일정 시간이 지나면, 다시 뚜껑을 열어놓아도 벼룩은 용기 높이 이상 뛰지 않는다고 합니다. 실제로 훨씬 더 높이 뛸 수 있음에도 불구하고요.

예민한 우리도 이와 비슷한 경험을 합니다. 이미 뚜껑이 열린 것처럼 상황은 변했지만, 과거의 자기 모습에서 벗어나질 못합니다. 자기 자신에게 하는 말 중에 '항상', '언제나'라는 단어가 있다면 그 말은 '거의 언제나' 틀립니다. 수능 문제에서 '항상', '언제나'가 들어 있는 문항은 '대부분' 틀린 답인 것처럼요.

이처럼 지나친 유형화는 자신에게 하나의 꼬리표를 붙여 개인의 잠재력과 변화 가능성에 한계를 긋습니다. 하지만 실제 우리는 상황에 따라 계속 변하는 존재입니다. 어제의 나와 오늘의 나, 내일의 나는 모두 다르지요. 이 책을 읽기 전의 여러분과 지금 이 책을 읽고 여러 생각이 스친 여러분이 다른 것처럼요.

자신을 언어로 제한하는 문제는 정신의학에서 흔하게 볼 수 있습니다. 최근 많은 사람이 걱정하는 '성인 ADHD'를 예로 들어 설명해 보겠습니다. 집중력 저하, 과잉 행동, 충동성을 특징으로 하는 소아청소년 신경발달장애인 '주의력결핍 과잉행동장애Attention-Deficit Hyperactivity Disorder, ADHD'에 최근 많은 사람이 주목하고 있습니다.

일에 집중하지 못하고, 간혹 화를 참지 못하며, 충동적으로 소비하는 모습을 보면서 자신이 성인 ADHD를 앓고 있는 것은 아닐지 걱정합니다. 인터넷에 떠도는 성인 ADHD 설문지를 보면, 항목 하나하나가 마치 나를 설명하는 것 같아 깜짝 놀랍니다. 심지어 진료실에 가기 전 스스로 진단을 내리고 오기도 하지요.

문제는 실제로 성인 ADHD가 아닌 사람들이 자신을 성인 ADHD로 여기는 경우가 많다는 점입니다. 누구나 어느 정도 산만하고, 실수도 하며, 충동적이기도 합니다. 그런데 ADHD

라는 개념에 나를 꿰맞추면, 나의 모든 행동이 병 혹은 비정상으로 받아들여지는 것이지요.

스스로 우울증 환자라고 말씀하는 분들도 종종 만납니다. 그 말에는 단순히 우울증 진단을 받았다는 사실만 포함된 것은 아닙니다. 자신의 고유한 특성을 진단명이란 언어로 대체해 버리는 습관이 담겨 있는 것이지요. 같은 우울증 진단을 받아도 사람마다 성격, 행동 패턴, 관계에서의 특징, 증상의 양상, 주관적으로 느끼는 감정은 모두 다릅니다. 그럼에도 우울증이란 진단명 하나로 자신의 모든 걸 설명하는 것은 안타까운 일입니다.

나조차도 아직
모르는 내 모습이 있다

또 주의할 점은 이러한 유형 개념을 스펙트럼 관점으로 이해해야 한다는 것입니다. 접근이나 회피, 과잉 반응이나 과소 반응, 내부 적응이나 외부 적응은 두 개 중 하나를 선택하는 개념이 아닙니다. 오히려 연속선상에서 바라봐야 합니다. MBTI를 예로 들어보겠습니다. MBTI는 심리적 에너지의 방향에 따라 외향형과 내향형을 구분합니다. 그런데 과연 어느 정도 외향적이어야 외향형이라고 말할 수 있는 걸까요? 얼마나 혼자 있고 싶어 해야 혹은 많은 사람 사이에 있을 때 얼마나 에너지가 소진돼야 내향형인 걸까요? 외향형과 내향형을 나누는 명확한 기준은 과연 있는 걸까요? 또 외향형은 언제나 외향적일까요? 때로 혼자 있고 싶어 하지는 않을까요?

회피와 접근을 예로 들면, 아주 극단적인 회피부터 어느 정도의 회피, 어느 정도의 접근부터 극단적인 접근까지 다양한 스펙트럼이 존재합니다. 양극단의 반응만이 존재하는 것이 아니라, 각 반응의 정도와 양상은 연속적인 변화를 보입니다. 예민함이란 개념 자체도 예민함과 둔감함같이 둘로만 나눌 수 없는 것처럼 말이죠.

"이미 다 알고 있다고 생각하는 것만큼 해로운 것은 없다"라는 말이 있습니다. 저는 정신과 의사로서 제 앞에 앉은 분들을 마주할 때 이 말을 항상 기억하려고 합니다. 전문가로서 저에게 고민을 털어놓는 이들을 이해하려 노력하지만, 제가 그 사람을 완전히 이해했다고 믿거나 제가 그에 대해 그 자신보다 더 많이 안다고 생각하는 것은 오만한 태도라고 믿습니다.

여러분 또한 자신을 완전히 안다고 생각하지 마세요. 그 대신 '나는 주로 이런 사람이지만, 때론 이럴 수도 있어'와 같이 변화의 가능성을 항상 열어두어야 합니다. 언어로 규정한 모습 이면에 아직 발견하지 못한 나의 새로운 면이 있을 수 있으니까요.

우리에게는 많은 선택지가 있고, 선택할 능력도 있습니다. 연속선상에 있는 수많은 선택지 중 하나를 고를 수 있습니다. 만약 그 선택이 기대한 것만큼 좋은 효과를 보이지 않았다면 다음번에는 다른 선택을 하면 됩니다. 우리는 '내가 알고 있다고 믿는 나'보다 훨씬 더 강하고, 유연하며, 성장할 수 있는 존재임을 잊지 말길 바랍니다.

2장
상처 주지 않으려고,
상처받지 않으려고

나를
주저하게 만드는

내면의
목소리들

이번 장에서는 예민함만이 가진 특별함을 1장에서 살폈던 예민
함의 대상에 따라 구분해 알아보겠습니다. 이 구분은 많은 예민
한 사람을 관찰하며 만든 인위적인 분류일 뿐입니다. 여러분은
하나 이상의 대상에 예민할 수 있고, 그 조합은 다양합니다. 예
를 들어, 생각에 예민한 사람은 특정 감정이 잘 떠오르기도 하
고, 타인의 미세한 표정 변화를 잘 포착하는 사람은 감각에 민감
하면서 외부 평가에도 예민한 사람일 가능성이 높습니다.

한편 특정 영역에서는 오히려 둔감하다고 느끼는 것도 자연
스럽습니다. 특정 소리에 민감하고 계획이 틀어지는 것에 매우
예민하지만, 대인 관계에서는 무던해서 다른 사람의 비난에는

크게 신경 쓰지 않는 사람도 있습니다.

그러니 자신을 억지로 특정 유형에 끼워 맞출 필요는 전혀 없습니다. '이것이냐, 저것이냐'가 아닌 '이것도 되고 저것도 될 수 있다'는 관점으로 이해해야 합니다. 이 분류는 복합적인 특성과 다양성을 설명하기 위해 제안한 도구일 뿐입니다.

예민한 사람이
낮은 자존감으로 힘든 이유

예민함의 특별함과 강점을 봐야 한다고 강조하는 이유는, 예민함으로 고통받는 사람에게는 시선과 태도의 변화가 그 무엇보다도 중요하기 때문입니다. 예민함을 단지 불편한 것으로만 치부하기에는 그 안에 숨겨진 능력이 너무도 많습니다. 어떤 상황에서는 강점으로 발휘되어 다른 사람의 부러움을 사기도 합니다.

그럼에도 많은 예민한 사람은 이 특별함을 보지 못합니다. 부정적인 면에만 시선을 두고, 무력감과 좌절감에서 허덕입니다. 실제의 나는 훨씬 다양한 능력과 강인한 힘을 지녔는데도 어두운 부분만을 자신의 전부라고 여기게 됩니다. 따라서 지금까지 보지 못한 면을 함께 바라볼 때 비로소 진정한 변화가 시작될 수 있습니다.

예를 들어, 대다수의 예민한 사람은 스스로 '자존감이 낮다'라고 말합니다. 여기서 자존감이란 눈에 보이고 손으로 만져지는 실체가 아니라 '개념'일 뿐입니다. 그런데도 이것이 실제로 존재하는 양 믿습니다. "자존감이 좀 높아지면, 그때 도전하 볼게요"라는 말 속에는 이런 의미가 포함되어 있습니다. 하지만 행동하지 않으면 자존감이 저절로 높아지지 않습니다. 무엇인가를 해내는 경험을 쌓아야 '나는 가치 있는 존재다'라는 감각이 서서히 자리 잡을 수 있습니다.

안정적인 자존감을 형성하기 위한 첫걸음은 자신의 특성을 있는 그대로 바라보는 것입니다. 자존감은 '이상적인 나'나 '남이 원하는 나'를 기준으로 채워지지 않습니다. 나의 강점과 약점, 가능성과 한계 모두 바라보고 이를 수용할 수 있어야 진정한 자존감에 다다를 수 있습니다. 자신의 성향을 부정하거나 외면한 채, '내가 아닌 것'이 되려는 시도로는 결코 올바른 자존감을 형성할 수 없습니다. 지금의 나를 있는 그대로 인정하는 것이야말로 진짜 자존감의 토대가 됩니다.

있는 그대로의
나를 받아들이자

예민한 자신을 부정적으로만 바라보면서 그러한 모습을 버리기 위해 노력하는 대신 지금까지 보지 못한 나만의 강점을 찾아야 합니다. 물론 진짜 자존감은 '나는 잘할 수 있어'라는 긍정적인 감정뿐만 아니라, 자신의 한계를 인정하고 거기서 오는 좌절감까지 함께 받아들일 수 있을 때 비로소 만들어집니다.

다만 예민함에 대한 오해로 부정적인 자아감을 크게 느낀다면, 이를 균형 있게 중화하려는 노력이 필요하지요. 그 첫걸음이 바로 내 안에 있는 강점을 하나씩 발견해 가는 일입니다. 내가 가진 특성을 있는 그대로 관찰하려고 노력할수록, 자신에게도 특별한 모습이 있다는 걸 느낄 수 있습니다. 물론 처음에는 어려울 수 있지만 연습할수록 점점 더 나만의 강점이 쉽게 보일 겁니다. 긍정적인 자존감을 위해서는 약간의 의식적인 자기암시도 필요합니다.

물론 예민함을 긍정적으로 바라본다고 해서 인생의 모든 문제가 풀리는 것은 아닙니다. 다만 자신을 있는 그대로 바라볼 수 있다면 그 문제를 해결할 힘과 용기를 얻게 됩니다. 예민한 우리가 다른 사람은 보고 듣고 느끼지 못하는 소중한 경험을 할 수 있다는 사실을 안다면, 내면의 불편함과 좌절을 이겨낼 힘을 이미 가지고 있다는 사실을 믿는다면, '이렇게 사는 건 무가치해'라는 자기 파괴적인 좌절감에서 벗어날 수 있습니다. 그렇게 우리는 삶에서 마주하는 수많은 어려움을 피하지 않고 대면할 수 있게 됩니다.

그렇다고 힘들고 불편한 면이 있다는 걸 부정해서도 안 됩니다. 예민함의 두 얼굴 도두를 볼 수 있어야 합니다. 예민한 사람은 그렇지 않은 사람보다 쉽게 방전된다고 느낍니다. 스트레스를 더 많이 받고, 때론 불안이나 우울, 불면을 겪을 위험성도 있습니다. 이러한 취약성을 인지하고 있으면, 미리 대비할 수 있습니다. 필요하다면 전문가의 도움을 받을 수도 있겠지요.

인간의 주관적인 인식은 때론 객관적 사실보다 더 큰 영향을 미친다고 합니다. 예를 들어, 실제 지능보다 자신이 얼마나 똑똑하다고 생각하는지가 행복을 결정짓는다고 합니다. 물론 주관적인 인식과 현실의 차이가 너무 크면, 이는 오히려 '자기 자신을 있는 그대로 바라보기'와 멀어지게 됩니다.

그래서 적절한 자기 인식이 필요합니다. 약점이나 취약점도 용기 있게 바라보는 것이 진정한 자존감입니다. 우리의 목표는 한계와 취약점, 가능성과 특별함을 함께 바라보며 어느 한쪽에 너무 치우치지 않는 균형 잡힌 자기 이해를 갖는 것입니다.

정신의학에서 '의식화'라는 표현이 있습니다. 의식화란 쉽게 말해, 내 마음속 깊이 숨어 있던 생각과 감정을 알아차리는 과정입니다. 내가 왜 그런 반응을 했는지, 왜 비슷한 상황에서 늘 같은 패턴을 반복하는지를 조금 더 분명히 보는 것이지요. 이렇게 자신을 의식화하면 무심코 반복했던 생각, 감정, 행동을 새로운 눈으로 바라보고 조금씩 바꿀 수 있습니다.

의식화가 깊어질수록 자신의 삶을 더 주체적으로 살 수 있습니다. 분석심리학에서는 이 과정을 '무의식을 의식화'하여 '자기실현'에 이른다고 말합니다. 예민한 사람에게 자기실현이란, 자신의 모습을 있는 그대로 받아들이고 개성을 마음껏 펼치는 것입니다. 그리고 이를 위해서는 자신을 이해하려는 헌신과 노력이 필요합니다. 이제 그 여정을 함께 걸어가 보겠습니다.

생각에 예민한 사람은 작은 말이나 사소한 상황도 쉽게 잊지 못하고 오래 곱씹는 경향이 있습니다. 혹은 갑자기 떠오른 생각에 푹 빠져 깊이 사색을 하기도 합니다. 자려고 침대에 누워도 머릿속이 복잡해서 쉽게 잠들지 못하기도 하지요. 그래서 "생각이 너무 많다"라고 말합니다.

생각의 주제도 다양합니다. 현재뿐 아니라 지나간 일을 계속 되새기거나 앞으로 일어날 일을 미리 상상하고 걱정하는 일이 많습니다. 자기 자신뿐 아니라 가족이나 친구, 심지어 전 인류까지 걱정의 대상이 됩니다. 정보가 실시간으로 쏟아지는 현대사회에서는 그 불안이 더 쉽게 커지기도 합니다. 때로는 모르는 게 약일 텐데, 모를 수가 없으니 생각도 많아집니다.

이런 생각이 지나쳐 종종 불편함을 낳기도 합니다. 과거에 잘못한 일을 끊임없이 떠올려 자책하거나, 미래에 닥칠 최악의 상황을 계속 그리며 수많은 시나리오를 짜기도 합니다. 관계에 민감한 사람은 혹시라도 자신이 '폐를 끼친 건 아닐까?', '실수한 건 아닐까?', '이런 말을 해도 될까?'라는 걱정을 끝도 없이 합니다.

결정 하나를 내리기도 어려워 우왕좌왕하거나 사소한 신호에도 의미를 부여하며 괴로워하기도 합니다. 생각이 많아 주저하는 자신이 답답하게 느껴지고 쉽게 지치게 됩니다. 이런 모습은 강박적 사고나 반추rumination, 불면이나 우울로 이어지기도 합니다. 생각이 너무 많아 잠을 못 잔다며 진료실을 찾아온 60대 A 씨를 예로 들어보겠습니다.

건축가로서 성공적인 삶을 살았던 A는 잠에 대한 걱정을 떨칠 수가 없었습니다. 잠이 안 오면 걱정, 잠이 와도 충분히 못 잘까 봐 걱정했습니다. 또 미신적인 생각에 사로잡히기도 했는데, 예를 들어 숫자 4가 좋다는 이야기를 들으면 그 숫자가 머릿속에 계속 맴돌았던 것이죠. 잘 지내다가도 '또 안 좋은 일이 생기면 어쩌지?' 하는 괜한 걱정에 다시 불안해지고, 그러다 보면 '평생 이렇

생각이 많은 사람이 괴로운 이유는 생각 자체가 문제라기보다, 떠오른 생각에서 빠져나오지 못하기 때문입니다. 생각의 옳고 그름을 따지면서 '이런 생각을 하면 안 되는데 또 해버렸네'라고 자책하기도 합니다.

인간은 생각이 떠오르는 것을 통제할 수 없습니다. 어떤 주제의 생각이든 아무 이유 없이 떠오를 수 있습니다. 성적인 생각, 괴기한 생각, 신성모독적인 생각, 남에게 해를 가하는 생각 등이 의지와 상관없이 떠오릅니다. 이런 생각이 떠올랐다고 자신이 비도덕적인 사람이 되는 것은 아닙니다.

진짜 문제는 이 생각을 통제하려는 노력에서 발생합니다. 통제하려 할수록 통제되지 않습니다. "이제부터 핑크색 코끼리를 생각하지 마세요"란 요청에 오히려 핑크색 코끼리가 더 선명하게 그려지는 것처럼요. 따라서 떠오른 생각을 판단하지 않고 그냥 그 생각이 흘러가도록 가만히 두어야 합니다. '아, 이런 생각이 떠올랐구나' 하고 알아차리기는 하되, 생각을 멈추려는 노력은 내려놓아야 합니다.

더 나은 내가 될 준비를
마친 사람들

생각이 많다는 것은 곧 풍요로운 내적 세계를 지녔다는 뜻이기도 합니다. 그 덕분에 풍부한 상상력을 바탕으로 기발한 아이디어가 끊임없이 떠오릅니다. 인간의 본성이나 자연의 원리에 대해 사색할 수 있고, 복잡한 문제를 체계적으로 분석할 수도 있습니다. 그래서 창작이나 철학, 마케팅, 연구와 같은 분야에서 이런 특성은 큰 강점으로 다가옵니다. 깊은 사색을 통해 큰 업적을 이룩한 뉴턴이나 아인슈타인 역시 떠오른 생각을 쉽게 놓지 못하는 사람이었을 가능성이 큽니다.

생각에 예민한 사람은 위험에 미리 대비하려는 조심성 덕분에 계획을 세우거나 준비를 철저히 할 수 있습니다. 예를 들어, 운전할 때 사고 가능성을 떠올리며 걱정하는 사람은 자신과 가족의 안전띠 착용 여부를 더 꼼꼼히 확인하겠지요. 여러 가능성을 미리 점검하는 습관은 사고를 예방할 수 있고, 혹시 모를 상황에서도 안정적으로 대처할 수 있게 도와줍니다.

또 다양한 경우의 수를 고려하여 신중하게 판단할 수 있지요. 이런 신중한 태도에 깊은 공감 능력이 더해진다면 뛰어난 지도자의 자질을 갖추게 됩니다. '돌다리도 수십 번 두드리고 결정하는 성향’으로 한 번 결정하는 데 오랜 시간이 걸리기도 하지만, 일단 결정하면 앞으로 나아가는 추진력은 누구보다 강할 수 있습니다.

자기 성찰을 통해 자신을 돌보고 성장하려는 힘 역시 생각에 예민한 사람의 큰 자산입니다. 생각에 예민한 사람은 자신의 실수나 부족한 점을 자꾸 떠올리곤 합니다. 특히 자기 기준이 높은 경우에는 더 그렇겠지요. 하지만 자신을 돌아본다는 것은 결국 더 나은 내가 되고 싶다는 마음에서 비롯됩니다.

또 타인에게 작은 실수라도 하지 않았을지 걱정하는 사람은 그만큼 배려심이 크다는 증거이기도 하지요. 물론 부정적인 생각에 사로잡혀 자기 비난이나 무력감에서 빠져나오지 못한다면 문제가 될 수 있습니다. 이때 우리에게 필요한 건 자신의 실수나 부족한 점을 그대로 인정하는 ‘용기’와 그 실수와 한계를 따뜻하게 이해하고 받아들여 자신에게 자비를 베푸는 ‘자기 연민’입니다. 스스로를 비난하는 대신 ‘그래도 난 나 자신에게 질문을 던질 수 있는 사람이야’라는 말을 해보세요. 자신에게 질문을 던질 수 있고, 그로 인해 본인의 부족한 면을 바라볼 수 있는 사람은 자신이 생각한 것보다 훨씬 괜찮은 사람일 겁니다.

결국 생각에 예민한 특성은 불안과 스트레스의 원인이 되기도 하지만, 동시에 통찰과 창의성, 성찰과 배려의 힘으로 작용할 수 있습니다. 생각에 예민하다는 것은 단순히 약점이 아니라 잘 활용한다면 자신과 타인에게 유익한 자원이 되는 특별한 능력입니다.

다만 생각의 늪에서 빠져나오지 못해 어려움을 겪고 있다면 전문가의 도움도 필요합니다. 우울이나 불안이 심할 때는 일시적으로 생각에 대한 예민함이 훨씬 커지기도 하니까요.

남들은 떠올리지 못하는 기발한 걸 떠올리고 자기 성찰을 성장으로 이어나갈 힘이 여러분에게 있습니다. 그 힘이 이미 여러분 안에 있음을 믿고 그 능력을 마음껏 활용하길 바랍니다.

외부 평가에 예민한 사람은 늘 타인의 시선과 반응을 세심하게 살핍니다. 대화를 나눌 때 상대방의 작은 표정 변화나 말투의 미묘한 뉘앙스를 놓치지 않습니다. 그리고 그 표정과 말투 안에 어떤 의미가 숨어 있을지, 나와 관련된 평가가 섞여 있지는 않았을지를 곰곰이 생각합니다.

이렇게 살다 보면 삶의 중심이 내가 아닌 타인에게 맞춰져 있다는 느낌을 받기도 합니다. 상대가 무례하게 굴어도, 갈등이 생기거나 비난을 받을 것이 두려워 차마 속마음을 꺼내지 못합니다. 겉으로는 웃고 있지만 속에서는 끓는 마음을 억누르기 어렵습니다. 남이 곤란한 것보다 차라리 자신이 손해 보는 것이 더 마음 편하다고 느끼면서도, 혼자 남몰래 그 사람과의 관계를 단절하기도 하지요. '뾰족한 별을 품고 있는 보름달'이라는 온라인에 있는 표현은 이런 모습을 비유적으로 잘 설명합니다. 그래서 '겉과 속이 다르다', '너무 소심하다', '사회성이 부족하다', '차갑다'라는 오해를 사기도 합니다.

때때로 사람을 만나는 일은 즐겁기보다 부담스럽게 다가옵니다. '혹시 내가 분위기를 깨면 어쩌지?', '남에게 피해를 입히면 어떡하지?'라는 불안에 꼭 필요한 경우가 아니면 약속을 잡지 않습니다. 사람들과 함께 있을 때 쉽게 지치고 방전되어 버리기 때문입니다.

다른 사람에게 부정적인 평가를 받을까 걱정하며 늘 신경을 곤두세우다 보니, 단순히 답장이 늦은 것만으로도 무시당했다고 느낍니다. 또 사람들의 수군거림이 혹시 내 이야기가 아닐까 불안해 합니다. 이런 불안과 걱정은 결국 관계에 대한 피로감으로 이어집니다. 극단적일 때는 사회적 상황 자체를 힘들어하고 회피하는 사회불안장애의 모습을 보이기도 합니다.

반면 회피하는 대신 오히려 과도한 노력을 기울이는 방식으로 반응하는 사람도 있습니다. 대인 관계에서 오는 실패를 견디기 어려운 이들은 어떻게든 남을 실망하게 하지 않으려 노력합니다. 이는 마치 100미터를 전력으로 달린 후, 또 20미터를 더

달리라고 스스로를 몰아붙이고 채찍질하는 것과 같습니다.

무리한 부탁을 거절하지 못하고, 짧은 메시지 하나를 보낼 때 조차 쓰고 지우기를 수차례 반복하지요. 하지만 이런 과도한 노력은 오래가지 못합니다. 심리적 에너지가 바닥나면서 번아웃에 빠지고, 이후에는 관계에서 도망치거나 스스로 고립시키는 결과를 낳게 됩니다. 애써 지켜내려던 관계가 역설적으로 더 멀어지게 되는 것이지요.

그러다 결국 자기 자신이 가치 없다는 생각에까지 이를 수도 있습니다. "전 항상 순위 밖이에요. 다른 사람이 시키는 걸 무조건 먼저 해야만 해요. 안 그러면 사람들이 날 싫어할 수 있잖아요"라고 고백하는 이의 마음속에는 깊은 절망감과 두려움이 자리 잡고 있습니다. 남에게 나쁜 평가를 받지 않기 위해 노력했지만, 정작 자기 자신에게는 가장 가혹한 비난을 돌리는 것입니다.

실제 연구에 따르면 외부 평가에 민감한 사람은 사회적으로 배제되는 상황에서 더 큰 감정적 고통을 느낀다고 합니다. 이를 보여주는 한 실험이 있습니다. 참가자는 컴퓨터 화면 속 두 명의 가상 인물과 공을 주고받는 단순한 게임을 하게 됩니다. 처음에는 세 명이 공을 골고루 주고받지만, 시간이 지나면 두 명의 가상 인물이 서로만 공을 주고받으며 실제 참가자를 배제하기 시작합니다. 이때 예민한 사람은 따돌림을 당한 것처럼 불쾌감을 느낍니다. 이때 활성화되는 뇌 영역은 단순히 기분을 담당하는 부위에 그치지 않습니다. 전대상회, 뇌섬엽 같은 영역이 함께 반응하는데, 이 부위들은 신체적 통증을 처리할 때도 활성화되는 곳입니다. 즉, 사회적 고통은 신체적 고통처럼 느껴질 수 있으며, 예민한 사람은 이 두 가지 고통 모두에 과민하게 반응합니다.

남을 생각하는 만큼
나에게도 관심을 기울일 것

외부 평가에 예민한 사람은 그만큼 다른 사람의 감정을 섬세하게 읽고 배려하는 힘을 가지고 있습니다. 상대의 말투나 분위기가 평소와 다르면 누구보다 빨리 알아차려 갈등이 커지기 전에 예방하고, 관계를 원만하게 이어갑니다. 몹시 내성적이고 관계에 매우 민감한 이들 중 일부는 오히려 많은 사람과 긴밀한 관계를 잘 유지하는데, 이는 타인을 불편하지 않게 만드는 타고난 능력을 충분히 발휘해서입니다. 즉, 외부 평가에 민감한 사람은 분위기 파악, 공감과 배려, 사회적 조화 측면에서 매우 뛰어난 자질을 지닌 것이지요.

이런 특성은 뇌과학 연구에서도 확인됩니다. 예민한 사람들에게 자극이 주어졌을 때, 주의 집중과 행동 계획을 담당하는 뇌 영역이 더 활발하게 반응한다고 합니다. 이는 예민한 사람이 다른 사람의 기분이나 분위기에 즉각 반응할 '준비 상태'에 놓여 있는 것이라 해석할 수 있습니다.

또 '공감'과 '나와 타인을 구분해 이해하는 과정'에 관여하는 뇌 영역 역시 더 활성화되는데, 이는 타인의 정서에 깊이 공감하고 관계 지향적인 성향을 설명합니다. 이러한 특성은 상담, 서비스, 돌봄 같은 직종에서 특히 강점으로 발휘됩니다. 조직 안에서는 갈등을 줄이고 팀워크를 살리는 숨은 조율자의 역할을 맡기도 하지요.

진화의 관점에서 보면, 사회적 평가에 예민한 것은 생존에 유리한 특성이었습니다. 인간은 원래 칭찬보다 비난에 더 민감합니다. 오래전 공동체 사회에서는 대다수에게 호감을 얻더라도 단 몇 명에게 미움을 사면 생존에 위협이 될 수 있었습니다. 늦은 밤, 나에게 원한을 가진 그 한 명이 공격해 올 수도 있었으니까요. 그러니 타인의 부정적인 시선에 민감한 것은 아주 자연스럽고 본능적인 반응입니다. '나만 유독 다른 사람의 평가에 예민한 것'이 아니라, '원래 사람은 다른 사람의 평가에 예민해야 하는 존재'인 것이지요.

그럼 이제 외부 평가에 예민한 특성 때문에 힘들었지만 이를 자신만의 장점으로 바꿔나간 두 사례를 살펴보겠습니다.

30대 남성인 B는 강압적인 부모 앞에서 늘 조심스럽게 지내며 차마 하고 싶은 말조차 꺼내지 못했습니다. 자신을 무시하는 듯한 부모의 태도에 화가 나면서도 부모의 비난이 두려웠고, 동시에 '나는 무시당할 만한 존재'라는 생각에 빠지기도 했습니다. 시간이 지날수록 부모와의 관계가 점점 불편하게 느껴졌고 가슴 두근거림, 두통, 불면과 같은 증상이 심해지면서 결국 진료실을 찾았습니다.

그는 상담을 통해 부모와의 관계 개선을 위해서는 자기 목소리를 내야 한다는 사실을 받아들였습니다. 그는 원래 상대방을 깊이 배려하는 성향이 있었기에, 자기 생각을 솔직하게 말해도 결코 무례하거나 거칠게 들리지 않는다는 사실을 알게 되었습니다. 이후 그는 예의를 지키면서도 자기 생각을 표현하는 연습을 시작했고, 그 과정에서 조금씩 자존감을 회복해 나갔습니다.

20대 여성 C는 친구의 사소한 농담이 자신을 비꼬는 말처럼 들려 늘 상처받았습니다. 별것도 아닌 일에 흔들리는 자신이 싫어 '난 왜 이렇게 약할까?'라며 자책했습니다. 차라리 감정이 없는 사람이 되고 싶다는 생각까지 하게 되었습니다.

사실 그녀가 진정 원하는 것은 감정을 없애는 것이 아니라, 농담은 농담으로 가볍게 받아들여 더 이상 크게 상처받지 않는 것뿐이었습니다. 상담을 받으면서 그녀는 자신이 사실 섬세한 눈치를 지닌 배려심 강한 사람이라는 걸 깨달았습니다. 실제로 주변 사람들이 자신을 따뜻한 사람으로 바라본다는 사실을 알았을 때는 큰 위안과 힘을 얻었습니다. 동시에 타인의 말을 주관적으로 해석하지 않고 있는 그대로 받아들이려 노력했습니다. 상대방의 칭찬에는 가볍게 '고맙습니다'라고 답하는 연습도 했지요. 그렇게 그녀는 예민함이 자신만의 장점일 수 있다는 사실을 서서히 받아들이고, 이전보다 덜 상처받고 조금은 더 단단해졌습니다.

외부 평가에 예민한 사람은 때론 관계를 피하기도 해서 겉으로는 차갑거나 어려운 사람처럼 보일 수 있습니다. 그러나 실제로는 남의 기분을 깊이 살피고 배려하는 따뜻한 마음을 지니고 있습니다. 그렇기에 자신의 진심을 알아주는 사람과는 깊고 돈독한 관계를 맺을 수 있습니다. 비슷한 성향을 지닌 사람끼리는 서로의 마음을 잘 이해하며 큰 위로가 되기도 합니다. 있는 그대로의 나를 보여도 괜찮다고 느껴지는 사람과의 관계가 주는 즐거움과 행복감은 배가 됩니다. 소수지만 편안함을 주는 존재를 더욱 소중히 여기고 감사할 수도 있지요.

이런 사람들에게는 '나는 왜 이렇게 눈치를 많이 볼까?'라는 자책 대신, '나는 원래 남의 마음을 잘 살피는 사람이고, 그게 결코 나쁜 것은 아니야'라는 따뜻한 시선이 필요합니다. 외부 평가에 예민한 성향은 때론 나를 쉽게 지치게 만들 수 있지만, 동시에 세심한 배려와 공감력으로 사회의 윤활유 역할을 합니다.

남을 배려하는 만큼 자신도 배려해 주면 됩니다. 작은 용기를 내어 조금씩 나를 표현해 보세요. 예민한 만큼 배려심 또한 깊기에 여러분의 말과 행동이 크게 엇나갈 가능성은 매우 적습니다. '미움받을 용기'를 낸다 해도, 사실 '진짜 미움받는 사람'이 되긴 어려울 겁니다. 원래 눈치 보는 사람들의 천성이 대부분 따뜻하거든요. 여러분은 미움보다 호감을 더 많이 사는 사람들입니다.

내부 기준에 예민한 사람은 늘 자신에게 엄격합니다. 높은 잣대를 들이대며 늘 스스로를 몰아붙이죠. ‘완벽해야 해’, ‘실수하면 안 돼’라는 강한 신념에 하루하루 긴장 속에서 살아갑니다. 다른 사람이라면 대충 넘어갈 일도 그냥 두지 못하고 사소한 것 하나하나에도 불안해합니다. 몇 번이나 고친 문서도 혹시 틀린 글자나 잘못된 표현이 있지는 않을지 걱정하며 손에서 놓지 못하기도 하지요. 누군가는 “좋은 게 좋은 거니 적당히 타협해”라고 조언하지만, 그런 말은 좀처럼 마음에 와닿지 않습니다.

그래서 이들은 쉽게 번아웃에 빠지곤 합니다. 아침에 눈을 뜨자마자 출근해야 한다는 사실을 떠올리면, 이미 피곤하고 심지어 겁이 나기도 합니다. 일할 때마다 쌓이는 부담과 긴장에 도망치고 싶을 때도 있지요. 심리적 압박 때문에 집중력이나 기억력 같은 인지 기능이 실제로 떨어져 효율이 나지 않아 더 빨리 지치게 됩니다. 그러다 결국 자기 일의 의미조차 흐릿해져 냉소적으로 변하기도 합니다.

물론 일이 지나치게 많거나, 일에 관한 결정권이 없거나, 노력해도 성과나 보상을 받기 어려운 환경 때문에도 번아웃이 옵니다. 이런 경우에는 일하는 환경 자체를 조율하거나 바꿔야 합니다.

그럼에도 스스로 세운 높은 자기 기준으로 인해 쉬지 못하고 자신을 몰아붙이다가 결국 번아웃에 빠지는 사례도 흔히 보게됩니다. 그럴 때는 혹시 예민함 때문에 자기 자신을 너무 몰아세우고 있는 건 아닌지 잠시 멈춰 살펴보아야 합니다.

한편 높은 내부 기준을 가진 사람 중 일부는 자신의 기준을 주변 사람들에게 강요하기도 합니다. "완벽주의 성향 때문에 매뉴얼대로 일하지 않으면 너무 예민해져요. 동료가 그 규칙을 따르지 않거나 작은 실수라도 하면 저도 모르게 짜증을 낼 때도 있어요"라는 식의 고백은 예민한 사람들에게 낯설지 않은 경험일 것입니다. 그래서 내부 기준에 예민한 사람을 두고 종종 '깐깐하다', '같이 일하기 어렵다'라고 평가하기도 합니다.

20대 여성 D는 늘 '완벽히 준비되어야 한다'라는 강한 내부 기준에 얽매여 있었습니다. 연애조차 준비되지 않았다는 이유로 누군가 관심을 두고 다가오는 낌새만 보여도 모두 거절했습니다. 그래서 상담 당시 한 번도 연애를 해보지 못했다고 고백했습니다. 하지만 정작 '완벽히 준비된 상태'가 무엇이냐는 질문에는 선뜻 답하지 못했습니다. 무엇이 완벽히 준비된 상태인지, 어떻게 해야 완벽하게 준비될지 자신도 모른 채, '왠지 아직 부족하다'라는 막연한 느낌 때문에 새로운 경험의 기회조차 스스로 막아왔던 것입니다.

심리학에서 높은 내적 기준은 '초자아superego'와 관련이 있습니다. 초자아란 정신분석 이론에서 말하는 성격 구조의 한 요소로, 사회규범, 규칙, 가치를 배우고 내면화하게 합니다. 그리고 옳고 그름을 판단해서 자신의 행동을 도덕적으로 통제하는 역할을 합니다. 쉽게 말해, 마음속에 있는 '도덕의 목소리'라고 할 수 있습니다.

초자아는 두 가지로 이루어져 있습니다. 하나는 '양심'이고 다른 하나는 '이상 자아'입니다. 양심은 주로 부모나 사회가 말하는 "이건 나쁜 일이야", "그러면 벌 받는다"라는 기준을 받아들였을 때 생깁니다. 즉, '하면 안 되는 일'을 배우는 것으로 잘못을 저지르면 죄책감이나 수치심이 따라오지요.

반면 이상 자아는 '나는 이렇게 행동해야 해'라는 내면의 목소리로, 더 나은 모습, 더 완벽한 상태에 도달해야 한다는 압박감을 느끼게 합니다. 내부 기준에 예민한 사람들은 대체로 이런 초자아가 엄격합니다. 그래서 늘 자신을 검열하고 끊임없이 채찍질하며 자신에게 가장 냉정한 심판자가 되기도 합니다.

내부 기준에 예민한 모습은 성격장애의 한 모습과 닮아 보입니다. 특히 '내현적 자기애성 성격장애'가 그렇습니다. 겉으로는 소심해 보이지만, 마음속에는 '이상적인 나'라는 아주 높은 기준이 자리 잡고 있습니다. 조금이라도 그 기준에 미치지 못하면 쉽게 좌절하고 작은 실수에도 자신을 크게 질책합니다. 결국 완벽하지 않으면 가치가 없다는 생각에 빠지기 쉽습니다.

반대 개념인 '외현적 자기애'가 '나는 특별하다'라는 과장된 확신과 특권 의식으로 드러난다면, 내현적 자기애는 '나는 특별해야 하는데 그렇지 못하다'라는 불안과 수치심으로 나타납니다. 그래서 내현적 자기애를 지닌 사람은 겉으로는 매우 겸손해 보입니다. 자기 자랑을 하지 않고 스스로 낮추는 듯한 태도를 보이지요. 하지만 그 속을 들여다보면 더 잘하고 싶고 더 인정받고 싶은 간절한 마음이 숨어 있습니다.

내 안의 엄격한 스승을
잘 데리고 사는 법

내부 기준에 민감한 성향 속에는 그만의 특별함이 숨겨져 있습니다. 내부 기준이 높은 사람은 책임감 있고 매사 노력하는 사람으로 평가받습니다. 작은 실수조차 허용하지 않는 꼼꼼함은 전문성과 신뢰를 높입니다. 그래서 건축가, 회계사, 요리사, 작가, 편집자, 의사, 변호사 같은 분야에서 두각을 나타내지요. 수준 높은 식당의 요리사가 청결과 조리법에 민감해 음식의 완성도를 높이는 것, 작가나 편집자가 문장의 미세한 뉘앙스까지 꼼꼼히 다듬는 것 모두 이런 성향 덕분입니다. 정밀함과 완벽을 추구하는 태도는 오랜 경험과 숙련된 기술을 쌓은 장인에게서도 흔하게 관찰됩니다.

저는 AKMU(악뮤)의 이찬혁 씨를 좋아합니다. 개성 있는 음악과 무대로 많은 사람의 사랑을 받고 있지요. 그는 공연을 준비하고 뮤직비디오를 만들 때 자신이 의도한 이미지가 관객과 대중에게 어떻게 전달될지 하나하나 꼼꼼히 따져본다고 합니다. 작은 디테일 하나도 그냥 넘어가지 않습니다. 의상의 색이 원하는 느낌과 조금만 달라도 새로 제작할 만큼 완벽을 추구합니다. 그는 "만족하지 않을 만한 작업은 시작도 안 해요"라고 말하기도 했습니다. 이런 완벽주의와 꼼꼼함, 독창성과 민감한 감각 덕분에 그의 음악과 무대는 늘 감동을 주고, '이찬혁만의 색깔'을 더욱 분명하게 보여줍니다.

한편 높은 자기 기준을 가진 사람이 자주 생각하는 '나는 부족하다'라는 느낌은 새로운 도전과 성취로 이끄는 힘이 되기도 합니다. 또 내부 기준에 예민한 사람은 늘 자기 자신을 돌아봅니다. 이런 성찰은 삶을 한 단계 끌어올리는 동기가 됩니다. 더 나아가 자기 성찰은 타인을 이해하는 데도 큰 도움이 됩니다. 실제로 주변의 정신과 의사 중에 높은 자기 기준을 가진 사람이 많은데, 자기 성찰을 통해 더 좋은 상담가로 성장하는 모습을 곁에서 자주 보곤 합니다.

높은 내부 기준을 가진 사람은 많은 사람에게 엄격한 만큼 타인에게도 공정히 하려는 마음이 강해 많은 사람에게 신뢰받습니다. 옳고 그름에 민감해 자신은 물론 다른 사람에게 닥친 불의에도 쉽게 눈을 감지 못합니다. 그래서 누군가 어려움에 부닥쳤을 때 선뜻 나서서 도움을 주려 합니다. 때론 옳지 않은 일을 보고 분노를 느끼고 용기를 내어 사회를 변화시키기도 하지요. 내부 기준에 예민한 사람의 분노는 사소한 짜증이 아니라 옳고 그름에 민감하게 반응하는 정의감의 표현일 수 있는 것입니다.

결국 내부 기준에 예민하다는 것은 자기 자신에게 가장 엄격한 스승을 두고 살아간다는 뜻입니다. 때로는 그 기준이 자신과 타인을 괴롭히기도 하지만, 동시에 책임감과 성실함, 정의감을 키우는 원동력이 됩니다.

중요한 것은 그 기준을 자신을 채찍질하는 도구로만 쓰지 않고 삶을 더 나은 방향으로 이끄는 나침반으로 삼는 일입니다. '이 정도면 충분히 노력했어', '오늘도 수고 많았어'라고 스스로에게 따뜻하게 말해보세요. 자기 자신에게 따뜻한 위로와 인정을 건네고 작은 여유와 휴식을 줄 수 있다면, 여러분의 예민함은 개인의 삶을 넘어 사회에 긍정적인 변화를 만들어내는 힘이 될 겁니다.

불확실성에 예민한 사람은 계획에 없는 일이 생기거나 뜻밖의 변화를 겪을 때 특히 힘들어합니다. 미리 짜둔 일정이 조금이라도 틀어지면 마음이 불편해지지요. MBTI 유형에서 흔히 말하는 '파워 J형'이 여기에 속할 수 있습니다.

예를 들어, 여행할 때 목적지에 도착하자마자 다음 장소에 어떻게 가야 하는지부터 신경 쓰는 사람이 있습니다. 이런 사람은 주변 풍경을 감상할 여유도, 우연히 마주치는 즐거움도 느끼기 어렵습니다. 계획이 틀어지면 새로운 계획을 세우느라 밤을 새우기도 하지요.

또 어떤 사람은 스마트폰 배터리가 80퍼센트 밑으로 내려가면 불안해서 늘 충전하고 저전력 모드를 켜기도 합니다. '배터리는 80퍼센트 이상이어야 한다'라는 자신만의 기준을 지키려는 것이지요. 그 행동 이면에는 '혹시 배터리가 부족하면 곤란한 상황이 생기지는 않을까?'라는 불확실한 미래에 대한 불안이 숨어 있을 수 있습니다.

혼자 하는 여행이나 배터리 충전처럼 내 마음대로 할 수 있는 일은 그나마 괜찮습니다. 하지만 다른 사람과 함께하는 일이라면 이야기가 달라집니다. 상대방이 기한을 지키지 못하거나 원하는 결과를 내지 못할 수도 있기에 스트레스는 훨씬 더 커지게 됩니다. 그래서 가능한 한 조별 과제나 공동 프로젝트는 피하려고 하기도 합니다.

새로운 일을 시작할 때면 '혹시 실패하면 어쩌지? 계획대로 할 수는 있을까?' 하는 불안이 발목을 잡습니다. 그래서 계획이 틀어질까 봐 아예 시도조차 하지 않는 경우도 있습니다. 이런 모습을 보고 주변 사람들은 "융통성이 없다", "도전을 피한다"라며 답답하게 느낍니다. 하지만 사실 그 이면에는 불확실성에서 오는 불안과 함께 '내가 과연 잘 해낼 수 있을까?' 하는 자기에 대한 확신 부족이 숨어 있습니다.

이렇게 회피를 선택한 사람 중 일부는 자신의 행동에 그럴듯한 이유를 덧붙입니다. "이건 별로 중요하지 않아. 해봤자 소용

없어"라고 말하거나, "이건 내 길이 아니야"라며 시도할 가치가 없다고 정당화합니다. 또 "내가 예민해서 그런 거야"라며 스스로를 탓하면서 회피가 어쩔 수 없는 선택이었다고 말하기도 합니다. 사실 불확실한 상황을 감당하기 어려워 지금의 안전한 상태를 지키려 한 것일 뿐인데 말이죠.

이런 모습은 영화 〈굿 윌 헌팅〉의 주인공인 윌의 모습과도 비슷합니다. 그는 대학교에서 청소부로 일하면서 "청소는 고귀한 일이니까"라고 말하며 자신의 선택을 합리화했습니다. 그의 뛰어난 재능을 알아본 사람들이 공부해 보기를 권했을 때 윌은 "그럼 청소는 덜 고귀한 일인가요?"라고 화를 내기도 했지요.

사실 윌의 마음 깊은 곳에는 배움에 대한 열정과 호기심이 가득했습니다. 그런데도 '내가 과연 할 수 있을까?', '혹시라도 실패하지는 않을까?', '나 같은 사람이 공부해도 되는 걸까?'라는 불안과 스스로를 가치 없다고 여기는 마음 때문에 새로운 도전을 피한 것이지요. 이런 생각 뒤에는 어린 시절의 학대에서 비롯된 죄책감과 실패에 대한 두려움이 자리 잡고 있었습니다.

불확실성에 예민한 사람들이 느끼는 불안은 단순히 '위험한지, 안전한지'의 문제가 아닙니다. 실제 위험의 크기보다는 '예상할 수 있는 상황인지 아닌지'가 훨씬 더 중요합니다.

30대 여성 E는 건강검진에서 추가 검사가 필요하다는 연락을 받았을 때 극심한 불안을 겪었다고 말했습니다. 아직 진단이 내려진 것도 아니었지만, 머릿속에서는 최악의 가능성이 끝없이 떠올랐고, 일상에 집중하기조차 어려워졌습니다. 그런데 실제로 초기 암이라는 진단을 받았을 때는 오히려 어떤 치료를 받게 될지 알 수 있었고, 적절한 치료를 받으면 회복될 수 있겠다는 생각이 들어 더 차분하게 받아들일 수 있었습니다.

E 씨의 사례처럼 불확실성에 예민한 사람에게 중요한 것은 현실 그 자체보다 '예측 가능성'과 '통제감'입니다.

불확실함을 기꺼이 받아들이는 용기

만약 여러분이 불확실성에 예민한 성향을 가졌다면, 불필요한 위험을 미리 피할 수 있습니다. 또 꼼꼼하게 계획해서 더 완벽하게 준비할 수도 있지요. 중요한 일을 앞두고 늘 몇 단계의 예비 계획을 세워두어 어떤 돌발 상황이 와도 흔들리지 않고 대처할 수 있습니다.

또한 규칙적으로 생활하는 습관이 익숙하고 편한 덕에 안정적인 일상을 유지할 수 있습니다. 실제로 규칙적인 생활은 정신 건강에 큰 도움이 됩니다. 우울함이나 불안을 겪는 사람들에게 정신과 의사가 늘 "규칙적으로 먹고, 자고, 활동하세요"라고 조언하는 것도 이와 같은 이유에서입니다.

이 특성은 개인을 넘어 가정이나 조직에서도 힘을 발휘합니다. 가정에서는 가족 구성원들이 생활 리듬을 일정하게 유지하게 해줍니다. 조직에서는 업무 규칙을 세우고, 일정 관리를 도와 모두가 예측 가능한 환경에서 효율적으로 일할 수 있도록 돕습니다. 개인과 가정, 조직과 사회에 안정적인 체계를 만드는 데 이바지하는 것이지요.

연구에 따르면 불확실성에 대한 예민함은 불안장애나 강박장애와 관련되기도 하지만, 위험 관리 능력과 체계적 사고와도 관계가 있습니다. 특히 '예측적 사고'와 깊은 관련이 있는데, 이는 미래에 닥칠 문제를 미리 상상하고 대안을 세우는 능력을 말합니다.

이 사고는 세 단계로 구성됩니다. 첫째, 발생할 수 있는 문제들을 떠올립니다. 둘째, 그 위험을 줄일 방법을 고민합니다. 셋째, 그 방법을 실제로 실행했을 때 얼마나 도움이 될지를 평가합니다. 이 사고방식은 감정과 행동을 조절하는 방법으로 많은 인지 행동 치료에서 활용되고 있습니다.

예를 들어, 감정 조절 프로그램에서도 예측적 사고가 중요합니다. 화가 날 것 같다면 우선 행동을 멈춰야 합니다. 바로 행동하면 금세 폭발하기 쉽고, 폭발하면 대부분 나중에 후회하게 되지요. 따라서 화가 나면 잠시 멈출 수 있어야 합니다.

잠시 멈추고 감정이 조금 가라앉으면 이제 예측적 사고를 해야 합니다. '지금 내가 이런 행동을 하면 어떤 결과가 생길까?'를 떠올려 봅니다. 그리고 구체적인 대안을 고민해야 하지요. '깊게 호흡하기', '잠시 자리를 피하기', '차분한 언어로 말하기', '누군가에게 도움을 청하기'와 같은 구체적인 행동 목록을 만듭니다.

마지막으로 그 행동을 했을 때 어떤 결과가 나올지를 0점에서 5점으로 평가해 보고, 가장 좋은 결과로 예상되는 것을 실행합니다. 이렇게 예측적 사고를 훈련하다 보면 순간의 격한 감정에 휘둘리지 않고 상황을 더 안정적으로 다스릴 수 있게 됩니다.

결국 불확실성에 예민하다는 것은 '미래를 잘 준비하려는 마음'과 크게 다르지 않습니다. 만약 불확실성에 대해 너무 둔감하다면, 오히려 충분한 대비를 하지 못해 예상치 못한 상황에서 더 당황하거나 원하는 결과를 얻지 못할 수 있습니다.

물론 이 성향이 지나치면 삶이 경직될 수 있습니다. 안전한 선택만 하게 되고, 조금이라도 불확실하면 그 상황을 피하게 될 테니까요. 하지만 균형을 잘 잡는다면 위기 앞에서 누구보다 신중하게 판단하고 믿음직한 태도를 보여줄 수 있습니다.

중요한 건 모든 불확실성을 없애려 하는 대신 예측할 수 없는 상황도 삶의 일부로 받아들이는 연습입니다. 영화 〈굿 윌 헌팅〉의 주인공 윌도 그랬습니다. 그는 완벽하지 못한 자신의 진짜 모습이 드러날까 봐 두려워하며, 사랑하는 사람에게 오히려 상처를 주고 혼자가 되려 했습니다. 조금이라도 부족한 모습을 보이면 상대방이 자신을 떠날 것 같다는 생각에 먼저 거리를 둔 것이지요. 그렇게 하면 자신이 보여주고 싶지 않은 모습이 드러날 불확실성을 애초에 없애버릴 수 있으니까요.

하지만 그런 선택은 윌을 더욱 불행하게 만들었습니다. '원래 인생은 혼자야'라고 스스로를 위로했지만, 그 말은 두려움을 숨기기 위한 변명일 뿐이었습니다. 그는 상담을 통해 서서히 자신을 이해했고, 부족한 모습까지도 자신의 한 모습으로 인정하기 시작했습니다. 그렇게 성장한 윌이 사랑을 찾아 떠나는 장면으로 영화는 마무리됩니다.

불확실성은 우리의 삶을 더 풍요롭게 만들기도 합니다. 여행할 때 많은 사람이 찾는 명소를 계획대로 가는 것도 즐거운 일이지만, 때로는 우연히 들어선 낯선 골목에서 더 아름다운 풍경을 마주하기도 하는 것처럼요. 길을 잃은 줄 알았는데 그곳에서 새로운 인연을 만나거나, 잊지 못할 한 끼를 경험할 수도 있지요.

사실 인생이 불확실하기에 우리는 본능적으로 더 확실한 길, 정해진 계획을 따르고 싶어 합니다. 하지만 그렇다고 계획에서 벗어난 길이 반드시 나쁜 것만은 아닙니다. 그 길에서 전혀 예상치 못한 의미 있는 순간이 우리를 기다리고 있을 수도 있습니다.

인생은 완벽한 길을 찾는 여정이 아닙니다. 모든 것이 계획대로 진행되어야 좋은 인생인 것도 아닙니다. 그런 삶은 애초에 불가능합니다. 대신 우리의 삶은 숨 쉬고 느끼는 매 순간들로 채워집니다. 설령 삶이 예상과 다르게 포장도로가 아닌 비포장도로로 우리를 이끌더라도 발아래 흙길의 감촉과 스쳐 지나간 바람의 숨결을 느끼며 걸어갈 수 있다면, 그 길이 그리 나쁘지만은 않을 겁니다.

원래 가고자 했던 길에서라면 보고 듣고 느끼지 못했을 경험을 낯선 길에서 오롯이 할 수 있다면, 그것만으로 그 새로운 길은 충분히 가치 있고 아름다운 여정이 될 것입니다. 불확실성을 기꺼이 받아들이는 용기 속에서 우리는 더 다채로운 삶을 살아갈 수 있습니다.

'잘 해내야 한다는 압박감 때문에 쉽게 지쳐'

어떤 사람들은 경쟁이나 평가처럼 외부에서 주어지는 요구와 압박에 크게 힘들어합니다. 특히 촉박한 기한 내에 해야 할 일이 많거나, 속도를 내야 할 때면 도망가고 싶다고 생각하기도 하죠. 늘 쫓기는 듯한 느낌을 받고, '빨리빨리'가 요구되는 환경에서는 더 쉽게 지칩니다. 모든 것이 빠르고 효율적인 우리나라에서 이런 심리적 압박감에 민감한 사람들이 일을 잘 해내면 '빠릿빠릿' 해 보이지만, 그들은 여전히 마음속에서 큰 부담을 느끼며 살아갑니다.

최근 MZ 세대가 사회적 요구에 높은 압박감을 느끼며 힘들어하는 모습은 충분히 이해할 만합니다. 한 대학생은 경제적인 어려움에 학업과 아르바이트를 함께할 수밖에 없었습니다. 다른 친구들은 그 시간에 자격증을 따며 미래를 준비하고 있는데, 자신만 뒤처지는 것 같아 늘 불안했습니다. "미래를 팔아 현재를 사는 느낌이다"라는 말 속에는 끝없이 스펙을 쌓아야 하는 경쟁 사회에서 낙오되고 있다는 좌절감과 앞으로 잘 살 수 있을지 걱정하는 마음이 잘 드러납니다.

이러한 심리적 압박감에 대한 예민함 속에는 '내가 과연 잘 해낼 수 있을까?'라는 마음, 즉 유능감에 대한 의문이 자리 잡고 있습니다. '과연 내가 다른 사람과의 경쟁에서 버틸 수 있을까?', '기한 내에 원하는 결과를 낼 수 있을까?' 같은 걱정과 현실적인 불안을 넘어 '과연 나는 충분히 능력 있는 사람일까?'라는 자신의 능력에 대한 의심이 숨어 있는 것이지요. '나는 이런 스트레스 상황을 버티지 못할 거야' 같은 자기비판적 생각을 하기도 합니다.

압박감에 예민한 사람들도 번아웃을 쉽게 겪습니다. 과중한 업무량과 촉박한 일정 자체가 부담스럽기도 하지만 자신을 바라보는 부정적인 태도가 더 큰 불안감을 주기도 합니다. 이들은 실제 능력보다 자신이 잘하지 못할 것으로 생각하는 경우가 많은데, 이런 자기 불신이 더 큰 고통으로 다가옵니다.

압박감에 예민한 사람은 5 정도의 자극을 7이나 8로 느낄 수 있습니다. 그런데 낮은 유능감은 이를 15나 20으로 확대해서 스스로 압박감을 더 키워버립니다. 이런 과정이 반복되면 긴장과 불안이 커지고, 결국 번아웃에 이르게 되는 것이지요. 일이나 공부가 더 이상 의미 있어 보이지 않고, 하기 싫은 일을 억지로 해야 한다는 느낌으로 다가옵니다.

잘 해내고 싶다는 마음을 인정한다면

압박감을 크게 느낀다는 것은 그만큼 '열심히 하고자 하는 마음'이 큰 것이기도 합니다. '책임감'과 '성실성'의 표현이기도 하지요. 잘하고 싶은 마음이 없거나 책임감을 느끼지 않는다면 기한이나 평가에 불안해하지도 않을 겁니다.

물론 남들의 인정을 바라는 마음이 없지는 않지만, 주어진 일을 잘 해내고 싶은 동기는 결국 남이 아니라 '내 안'에서 비롯됩니다. 자기 스스로 만족할 만한 성과를 내고 싶은데, 그렇지 못할까 봐 두렵고 피하고 싶은 마음이 드는 것이지요. 그러니 '과연 내가 이걸 할 수 있을까?'라는 의문이 들면 '내가 그 일을 정말 잘 해내고 싶은가 봐'라고 해석해 보세요. 또 '압박감을 느끼는 만큼 책임감도 느끼고 있다'라는 점도 인정해 주어야 합니다.

앞서 이야기한 대학생은 학비를 벌기 위해 주중 내내 아르바이트를 하면서도 수업과 과제를 포기하지 않았습니다. 늘 뒤처지고 있다는 압박감을 안고 살지만, 남과 세상을 탓하기보다 묵묵히 자신의 삶을 책임지고 있었습니다.

물론 이는 힘들고 고통스럽기도 합니다. 풍요로운 환경에서 안락한 삶을 사는 사람은 겪지 않아도 되는 불편함인 것도 사실입니다. 하지만 그는 자신이 속한 환경 속에서 삶을 향한 책임감과 생존 능력을 키우고 있었습니다. 또 자신이 원하는 것을 스스로 찾아나가는 적극적인 태도도 지니고 있었습니다. 거친 환경을 견디고 자란 나무는 천천히, 그러나 단단하게 자라는 것처럼 그녀도 그렇게 성장하고 있습니다.

예민함은 일을 할 때 업무의 정확성과 완성도를 높입니다. 한 직장인은 기한 압박에 번번이 힘들어했지만, 결국 누구보다 철저한 일정 관리 능력을 갖추게 되었습니다. 미리 기한을 확인하고 해야 할 일을 작은 단위로 쪼갰습니다. 중요한 일을 놓치지 않도록 꼼꼼히 계획도 세웠습니다. 혹시 모를 상황에 늘 대비해 갑작스러운 요청이나 발표에도 잘 대응했습니다. 꼼꼼하고 위기에 잘 대처하는 모습을 본 동료들은 그가 그런 심리적 압박을 받는지 전혀 모를 정도였습니다. 압박감은 때때로 그를 괴롭혔지만, 동시에 그를 믿을 수 있는 동료로 성장하게 만든 힘이기도 했습니다.

이와 같은 적절한 압박감은 오히려 우리의 능력을 최대로 발휘하게 합니다. 스트레스는 너무 없으면 무기력하고 게을러지기 쉽고 너무 많으면 금세 지치게 됩니다. 하지만 적당한 강도의 스트레스는 집중력을 끌어올립니다.

압박감도 마찬가지입니다. 마감 기한이 다가오면 평소보다 더 몰입하고 짧은 시간 안에 놀라운 성과를 내도록 돕습니다. 시험 전날 벼락치기 공부가 유난히 효율적인 것도 바로 이런 이유 때문이지요. 연주 전의 적당한 긴장감은 실수를 줄이고 섬세한 감정을 피아노 선율로 녹여내어 관객에게 더 깊은 감동을 전할 수도 있습니다.

만약 압박감에 예민하다면, 그 마음을 조금은 다른 시선으로 바라보는 연습이 필요합니다. 우선 지금 느끼는 마음을 있는 그대로 인정해 보세요. '내가 지금 좀 조급하다고 느껴', '뭔가 뒤처지는 것 같아 불안하네' 이런 감정 속에 잘하고 싶은 마음이 숨어 있다는 걸 읽어주세요.

다만 자기 자신에 관한 평가와 판단은 되도록 줄이는 게 좋습니다. '난 왜 이렇게 힘들어할까?', '나는 이걸 해낼 만큼 능력이 없어'라는 생각이 떠오르면, '아, 내가 또 판단했구나' 하고 알아차리는 데서 멈춰보세요. 7만큼의 자극을 7로 느끼면 좋겠지만,

예민한 여러분은 10으로 느낄 수 있습니다. 우리의 목표는 이를
20으로 부풀려 해석하지 않는 것입니다.

감각에 예민한 사람은 자극에 대한 역치가 낮아, 다른 사람이 느끼지 못하는 미세한 자극에도 매우 민감하게 반응합니다. 소리에 민감한 사람은 손목시계의 초침 소리까지 들리거나, 소리의 울림이 거슬려 콘서트나 연극 등을 보지 못하기도 합니다. 지하철이나 기차의 소음이 견디기 힘들 정도로 크게 다가옵니다. 강렬한 색상은 눈에 피로감을 주고 때론 불쾌하게 느껴지기도 하며, 다른 사람의 미세한 표정 변화도 금세 알아챕니다. 빛, 냄새, 질감, 진동과 같은 다양한 자극에 쉽게 영향을 받고, 여러 자극이 한꺼번에 들어오면 어찌할 바를 모르기도 합니다.

신체 내부 감각에 예민한 사람도 있습니다. 작은 통증조차 참기 힘들고, 심장 뛰는 소리가 너무 크게 들려서 온몸이 울리는 듯한 느낌을 받기도 합니다. 불안하거나 스트레스를 받는 상황에서는 갑자기 어지러워지거나 구역질이 나고, 이명이 들리기도 합니다. 이럴 땐 단순히 성격이 아니라 온몸이 예민하다고 느끼게 되지요. 그래서 쉽게 지치고, 늘 재충전이 필요합니다.

이런 불쾌한 자극을 줄이려고 다양한 방법을 시도합니다. 작은 소리나 빛에도 불편한 사람은 잡음 제거 기능이 있는 이어폰을 쓰고, 잠잘 때는 반드시 안대를 씁니다. 작은 표정 변화에도 민감해 남을 살피느라 쉽게 지치는 사람은 꼭 필요한 약속이 아니면 혼자 있길 원합니다. 어떤 이는 조용한 곳에서 자극이 적은 혼자만의 시간을 보내기도 하지요. 중요한 일이 있거나 스트레스를 받을 때는 속이 편한 음식을 고집하는 사람도 있습니다.

섬세한 감각으로
충만한 세상을 사는 사람들

하지만 감각에 예민한 사람은 다른 사람이 보고 듣고 느끼지 못하는 특별한 감수성을 지니고 있습니다. 예술 작품이나 음악, 자연의 아름다움에서 깊은 감동을 느낍니다. 자연과 연결되는 느낌을 받을 때는 남들이 느끼지 못하는 신비로움과 풍요로움, 만족감을 경험하기도 합니다.

실제 연구에 따르면, 자연과의 연결성이 높은 사람은 성장과 만족, 풍요로움을 포함한 개념인 '충만감'을 더 많이 느낀다고 합니다. 세상을 초고해상도 화질로 볼 수 있으니, 자연의 아름다움에서 오는 충만감을 누구보다도 크게 느낄 수 있겠지요.

예민한 감각은 일부 직업에서 특히 강점으로 활용됩니다. 후각과 미각이 발달한 사람은 와인의 향이나 미묘한 맛을 섬세하게 구분하는 소믈리에나 요리사로서 두각을 나타냅니다.

실제로 유명한 예술가들은 (정도의 차이는 있지만) 감각에 예민한 경우가 많습니다. 촉감에 민감한 사람은 도예가, 조각가, 보석 세공사나 물리치료사, 마사지 전문가, 재활 전문가로서 남다른 강점을 발휘하기도 합니다.

사람의 미세한 외모나 표정 변화를 잘 포착하는 사람은 배려심이 강점이 될 수 있습니다. 친구의 헤어스타일이나 옷차림의 변화를 알아채 주고, 상대방의 표정을 살피며 불편하지 않도록 미리 배려합니다. 모임에서 소외된 듯한 사람을 챙겨 먼저 말을 건네기도 하지요. 이런 특성은 상담가, 여행 가이드, 승무원, 각종 서비스 업종에서는 큰 강점이 됩니다. 그래서 이들은 종종 '배려가 깊은 사람', '사회성이 좋은 사람'으로 인정받습니다. 또 세밀한 표정까지 관찰해 캐릭터에 생동감을 불어넣는 '디테일이 강한' 배우가 될 수도 있습니다.

예민한 사람 중 미적 감수성이 높을수록 강렬한 감정을 느끼고, 높은 창의성과 공감 능력을 보인다고 합니다. 이런 사람들은 우울이나 불안, 정서적 단절을 겪을 위험이 적고 삶의 만족도나 삶의 질은 오히려 높을 수 있습니다. 이는 '예민한 사람은 관계에서 어려움을 겪고 상대적으로 행복을 느끼기 어려울 것이다'라는 일반적인 인식과는 정반대의 결과입니다.

또 신체감각에 민감한 특성은 건강 관리에 긍정적인 역할을 합니다. 신체가 보내는 작은 신호도 놓치지 않기 때문에, 위험을 미리 알아차리고 건강을 잘 관리할 가능성이 높습니다.

즉, 감각에 관한 예민함은 정신 건강과 신체 건강은 물론 예술성과 창의성, 삶의 질, 대인 관계에도 긍정적인 영향을 줄 수 있습니다. 예민함 덕분에 남들은 스쳐 지나치는 소리와 빛, 이미지와 질감에서도 더 깊은 아름다움을 느낄 수 있기에, 세상은 한층 더 풍요롭고 따뜻하게 다가옵니다. 그 섬세한 감각이야말로 여러분의 삶을 특별하게 만드는 소중한 선물입니다.

감정에 예민한 사람은 자신의 감정 변화에 크게 반응합니다. 작은 감정 변화에도 마음이 요동치고, 때로는 감정을 주체하지 못해 당황하기도 합니다. 더 나아가 타인의 감정까지 그대로 흡수해서 느끼곤 합니다. 가까운 사람이 힘들어하는 모습을 보면 마치 자기 일처럼 가슴이 저미고, 사회적 약자가 고통받는 장면을 보면 몸이 아프기도 하지요.

이러한 감정적 민감성은 생각과 밀접하게 관련되어 있습니다. 정신의학에서는 특정 생각이 특정 감정을 불러일으킨다고 설명합니다. 한 예로, 자신과 타인과 세상에 대한 부정적인 인식(생각)은 우울한 상태(감정)에서 흔히 나타납니다. 우울증을 앓는 많은 사람이 '나는 쓸모없는 존재고, 타인은 믿을 수 없으며, 앞으로도 희망은 없다'라는 신념을 마음속 깊이 갖고 있습니다. 이는 미국 정신과 의사 에런 벡이 말한 '인지 삼제cognitive triad'로, 자기에 대한 부정, 세상에 대한 불신, 미래에 대한 절망이 결합한 사고 패턴입니다.

반대로 감정이 생각에 영향을 미치기도 합니다. 예를 들어, 불안감을 느낄 때면 '내가 불안한 걸 보니 무엇인가 틀림없이 잘못된 거야'라고 생각하는 것이죠. 이를 '감정적 추론'이라 부르며, 불안을 심하게 느끼는 사람에게서 흔히 볼 수 있는 인지 왜곡 중 하나입니다.

감정에 지나치게 예민하면 때론 고통스럽기도 합니다. '불안하다는 사실이 더 불안해'라는 이중 고통 속에서 불면에 시달리거나, 사소한 갈등 상황에 깊은 상처를 받기도 합니다.

타인의 감정을 쉽게 느끼는 사람은 그들을 세심하게 살피느라 정작 자신을 돌볼 힘을 잃기도 하지요. 또 감정이 잘 조절되지 않아 나도 모르게 짜증이나 화를 낸 뒤 자책하기도 합니다. 불안장애나 우울장애 같은 정신 건강 문제가 있을 땐 감정이 크게 요동치고 그 조절이 더 어렵습니다.

감정에 휩쓸리는 대신
그 안에 담긴 메시지 읽기

하지만 감정의 예민함 역시 부정적인 것만은 아닙니다. 감정이란 당시의 기분 상태만을 말하지 않습니다. 감정은 우리에게 변화와 성장으로 이끄는 신호를 주기도 하지요.

우리가 흔히 부정적인 감정이라고 말하는 우울, 불안, 분노, 좌절에도 각자의 의미가 있습니다. 예를 들어, 불안은 위험을 예측하고 준비하게 하며, 우울은 자기 성찰을 유도하고 재정비의 기회를 줍니다. '지금은 잠시 멈춰 서서 네 마음을 살펴볼 때야'라는 메시지를 우리에게 전달하는 것이지요. 분노는 부당함에 맞서 자신의 권리를 지키고 나만의 경계를 세우는 힘이 되며, 좌절은 현실을 깨닫고 목표를 조정해 새로운 전략을 찾도록 돕습니다. 따라서 감정에 예민한 사람은 이런 신호를 남들보다 더 일찍 알아차려 변화하고 성장할 기회를 얻을 수 있습니다.

한편 타인의 감정에 쉽게 동요되는 사람은 그만큼 높은 공감 능력과 연대감을 가지고 있습니다. 이들은 지구 반대편에서 신음하고 있는 사람을 보고 쉽게 눈물을 흘리고 그들의 고통을 함께 느낍니다. 타인의 아픔을 외면하지 않고 연민을 품을 수 있는, 즉, 인류애를 실천할 수 있는 사람인 셈이지요. 소외된 사람을 걱정하고 그에게 관심을 기울이는 것은 더 따뜻한 세상을 만들기 위한 첫걸음입니다.

그 마음은 다양한 활동으로 이어집니다. 어떤 이는 그들을 위해 작은 기부를 하고, 어떤 이는 그들에 관한 책을 쓰거나 사진을 찍어 세상의 관심을 촉구합니다. 또 어떤 이는 그들을 위한 정책과 제도에 힘을 보태기도 합니다. 타인의 감정에 예민한 사람들의 이런 움직임이 모여 세상을 바꾸어 나갑니다.

실제로 예민한 사람들은 타인의 표정이나 감정 자극에 노출될 때 뇌 안에서 공감, 자기와 타인 인식, 정서 처리와 관련된 영역이 더 강하게 활성화된다는 연구 결과도 있습니다. 이는 예민한 사람이 타인의 감정에 깊이 공감하고, 사회적 관계에서 섬세하게 반응하는 능력을 갖추었다는 사실을 보여준 것입니다. 이 능력은 저와 같은 정신과 의사나 상담가처럼 보건 분야에서 일하는 사람, 리더십이 요구되는 사람, 서비스나 공익 분야에서 일하는 사람에게 꼭 필요한 자산입니다.

감정에 예민한 사람은 더 풍요로운 내적 경험을 합니다. 특히 감각과 감정에 모두 예민한 사람은 평범한 일상에서도 크게 감동을 받곤 하지요. 퇴근길에 바라본 노을에서, 한여름의 더위를 식히는 바람에서, 숲길에서 맡은 흙 내음에서, 이어폰 속 흘러나온 멜로디에서 남들은 느끼지 못할 아름다움을 깊이 음미할 수 있습니다. 작고 평범한 것에서도 사랑과 감사를 느낄 수 있는 능력은 분명 큰 축복입니다.

풍부한 내적 경험은 표현력으로도 드러납니다. 화가 고흐의 깊은 절망과 분노는 그의 작품 속 대담한 붓 터치와 강렬한 색감으로 표현됩니다. 작가 한강처럼 다양한 감정을 세밀하게 관찰하고 언어로 옮기는 능력은 독자들에게 깊은 울림을 줍니다. 예술가, 작가, 배우 들은 이런 특성을 발휘해 우리의 삶을 한층 더 풍요롭게 만듭니다.

결국 감정에 예민한 특성은 개인에게 풍부한 내적 경험, 공감 능력, 사회적 연대감을 제공합니다. 이는 자신과 타인을 이해하고, 개인의 성장과 사회적 변화를 끌어내는 소중한 자원이 됩니다. 우리에게 필요한 것은 감정에 휩쓸리지 않고, 그 안에 담긴 메시지를 읽고 활용하는 연습입니다. 감정의 예민함을 강점으로 활용할 수 있다면, 이 특별한 능력은 여러분의 삶을 다채롭게 만들어 줄 겁니다.

2장에서는 예민함이 가진 두 얼굴을 알아보았습니다. 긍정적인 면과 부정적인 면 모두가 예민함이 가진 모습입니다. 상반되어 보이는 특성 모두를 살펴본 이유는 나의 약점과 어려움뿐만 아니라 내가 가진 강점과 특별함을 함께 보고, 이를 통해 있는 그대로의 나를 조금 더 온전히 바라보기 위함입니다.

있는 그대로 나를 바라본다는 것은 자신을 무조건 긍정적으로 여기라는 말이 아닙니다. 자신의 재능만큼 한계도 분명히 알아야 합니다. 반대로 나를 고치거나 없애고 싶을 정도로 자신의 특성이 부정적으로만 느껴진다면, 이 또한 자신을 있는 그대로 바라보지 않는 겁니다. 만약 내가 가진 예민함이 지나치게 부정적으로 느껴진다면 균형을 맞추기 위해서 내 안의 긍정적인 면을 찾아보려는 '노력'이 우선 필요합니다. 다행히도 '노력'은 예민한 사람들이 누구보다 잘할 수 있는 영역입니다.

예를 들어, 타인의 감정이나 평가에 예민한 사람은 아르바이트를 그만둬야 할 때 '사장님이 섭섭해하지 않을까?'라고 걱정하며 말을 꺼내기 어려울 수 있습니다. '나를 잘 챙겨주신 데다 다른 직원도 그만두려고 하는 상황에서 나까지 그만둔다고 하면 싫어하시진 않을까?'라는 생각에 며칠 밤을 고민하곤 합니다.

하지만 그 마음을 자세히 들여다보면, 단순히 '미움받기 싫다'라는 불안과 '눈치를 많이 보는 사람'이라는 특성 외에 '나를 챙겨준 사람을 배려하고 존중하고 싶다'라는 마음을 지닌 '따뜻한 사람'임을 알게 됩니다. 이렇게 두 가지 면을 함께 바라볼 수 있다면 불필요한 죄책감은 덜 수 있습니다. 또 꼭 필요한 말을 하지 못하는 경우는 줄고, 더 성숙한 방식으로 상황에 대응할 수 있습니다. 그렇게 자신의 특성을 좀 더 받아들일 수 있게 됩니다.

나를 '받아들인다'의
진짜 의미

그렇다면 '있는 그대로의 나'를 찾는 궁극의 목적은 무엇일까요? 내 인생을 온전한 '나'로서 살아가는 것입니다. 내 인생을 나답게 사는 것이라고 말할 수도 있습니다.

남과 끊임없이 비교하며 부족함만 찾는 삶, 사회가 원하는 모습에 맞추느라 자신을 잃어버리는 삶에서 벗어나야 합니다. 이상과 다른 현실의 나를 탓하고, 때론 부모와 세상을 비난하며 '아무것도 할 수 없다'라는 무력감에서도 벗어나야 합니다. '예민한 나'의 약점뿐만 아니라 강점도 함께 볼 수 있다면 자기 비난과 세상을 향한 냉소에서 조금은 벗어날 수 있습니다. 자신이 지닌 특성을 온전히 이해하고 가능성과 한계 모두를 내 일부로 받아들일 때 비로소 우리는 나로서 의미 있게 살 수 있습니다.

물론 '있는 그대로의 나'를 받아들인다고 해서 지금까지의 어려움이 사라지는 것은 아닙니다. 고통이나 불편함이 전혀 없는, 행복하고 즐겁기만 한 삶이란 상상에서만 존재합니다. 살아가면서 우리는 위기와 어려움, 두려움과 불안을 겪을 수밖에 없습니다. 건강하고 행복한 삶은 위기와 어려움이 없는 것이 아니라 좌절과 불안을 견디는 힘을 바탕으로 만들어 가는 겁니다.

그렇게 나의 가능성과 한계 모두를 수용할 때 인생에서 마주친 풍파에도 침몰하지 않고 앞으로 나아갈 수 있습니다. 고통에 휘둘리지 않고 그 속에서도 나를 지켜낼 힘을 얻게 되는 것이지요. 그렇게 파도를 헤쳐 나가다 보면 잠시 머무를 수 있는 고요한 항구, 생각지도 못한 아름다운 풍경을 중간중간 마주하게 됩니다. 분명한 것은 자신을 온전히 받아들였다고 해서 늘 행복하다고 말할 수는 없지만, 진정으로 평온과 기쁨을 누리는 사람 중에 자신을 받아들이지 못한 사람은 없다는 점입니다.

어떤 사람은 "이미 난 내가 누군지 충분히 '아는'데요? 내게 이런 강점이 있다는 것도 알아요. 그런데도 여전히 내 삶은 의미가 없는 것 같고요. 여전히 성격을 고치고 싶어요"라고 말합니다.

'아는 것'과 '받아들이는 것'은 다릅니다. 수용이란 자기 생각, 감정, 신체감각이나 과거에 일어난 일, 현재의 경험을 억누르거나 회피하지 않고 있는 그대로 인정하는 것입니다. '왜 이런 생각이 나지?'나 '그 일은 일어나지 않았어야 해'와 같이 판단하는 대신 '나에게 이런 생각이 떠오르는구나', '과거에 그런 일이 일어났지'라고 인정할 뿐입니다.

예민함을 철저히 수용했다는 것은 내가 가진 특성을 있는 그대로 받아들이고 예민함에서 오는 어려움과 괴로움, 약점과 결핍 자체도 실제로 존재하고 있음을 인정하는 것입니다.

'나는 이럴 때 종종 예민해져. 그래서 힘들 때도 있지. 하지만 이것도 내 일부야'라고 받아들이는 용기가 우리에게 필요합니다. 예민함에서 오는 감정과 경험까지도 내 삶의 한 부분으로 품을 때 비로소 우리는 '진짜 나다움'에 다가갈 수 있습니다.

예민함, 짐이 아닌
나만의 힘으로

많은 예민한 사람이 자신의 특성 자체를 바꾸려 하지만 이는 무의미한 시도가 될 뿐입니다. 내가 아닌 남이 되는 것은 불가능합니다. '나는 내 성격을 바꿀 거야'라고 생각하며 노력하는 것은 잘못된 문제에도 정답이 있다고 여기며 존재하지 않는 정답을 찾기 위해 헛수고를 하는 꼴입니다. 그러다 지치면 결국 회피와 포기로 이어지고 '난 해도 안 돼'라는 무력감만 남게 됩니다.

하지만 '나는 예민하다'라는 사실을 부정하지 않고 온전히 받아들일 수 있다면, 그 예민함 때문에 때론 힘들지만 그렇다고 자신의 가치가 달라지지 않는다는 점을 인정할 수 있다견 비로소 마음은 한결 편안해집니다.

여전히 예민하지 않은 무던한 사람이 부럽게 느껴질 수도 있습니다. 누군가를 부러워하는 건 자연스러운 감정입니다. 그러니 부러움 자체를 억누르지 않아도 됩니다. 다만 우리가 부러워하는 것은 사실 그 사람의 특성이 아닐 수 있습니다. 즉, 그들이 예민하게 반응하지 않는 것이 부럽다기보다 나의 예민함 때문에 생기는 불편이 싫은 것일 뿐입니다. 그렇다면 우리에게 필요한 건 예민함을 없애는 것이 아니라 그것을 나에게 맞게 잘 활용하는 방법을 배우는 것입니다.

다른 사람의 부러운 모습에만 시선을 두기보다 먼저 나 자신을 들여다보세요. 그들의 강점과 나의 강점은 애초에 다릅니다. 그렇기에 내가 갖지 못한 것보다 이미 지닌 것을 우선 확인해야 하지요. 자주 불안하고 눈치를 보더라도, 쉽게 상처받더라도 괜찮습니다. 나에게 그런 면이 있는 것은 사실입니다.

그것이 곧 나의 전부는 아닙니다. 우리는 여러 모습을 가진 존재이고, 그 다양한 면이 모여 나를 이룹니다. 누구에게나 아직 발견하지 못한 특별함이 하나쯤은 있습니다. 그러니 예민하다는 한 가지 기준으로 자신을 평가하며 스스로 부족하다고 단정 짓지 않길 바랍니다. 내가 가진 것을 있는 그대로 바라볼 수만 있다면, 적어도 자신을 무가치하게 여길 일은 없을 겁니다.

예민한 사람들이 흔히 듣는 조언이 있습니다. "신경 쓰지 마라", "눈치 보지 마라", "그렇게 생각하지 마라". 하지만 이런 말들은 별로 도움이 되지 않습니다. 그런 말이 도움이 되었다면 여러분은 아마 이 책을 펼치지도 않았겠지요? 우리가 할 수 있는 최선은 '나는 그런 것도 신경 쓰는 사람이다', '나는 눈치를 많이 본다', '나는 생각이 많을 때가 있다'라고 인정하는 것입니다. 그리고 그 안에 있는 배려와 공감, 신중함이라는 또 다른 얼굴을 함께 바라보며 자신을 따뜻하게 안아주면 됩니다.

많은 예민한 사람이 자존감이 낮아 고민이라고 이야기합니다. 사실 자존감은 내가 어떤 선택을 하고 어떤 행동을 하느냐에 따라 달라집니다. '자존감이 높아지면 그때 도전할 수 있어'라고 생각하기 쉽지만, 순서가 반대입니다. 내가 먼저 선택하고 행동할 때 비로소 자존감이 높아질 수 있습니다. 자존감은 머릿속에서 만들어지는 것이 아니라 지금의 선택과 행동에 따라 결정됩니다. 그리고 그 행동은 처음부터 거창하지 않아도 됩니다. 잠시 멈추어 나를 돌아보는 것, 내 안의 강점을 떠올리는 것만으로도 변화는 시작됩니다. 이 책을 읽으며 '나도 한번 해볼까?'라는 마음이 들었다면 이미 변화는 시작된 것입니다.

오늘 잠들기 전 스스로에게 이렇게 말해보세요. "그래, 예민한 내가 오늘도 고생했어." 그렇게 나를 있는 그대로 받아들이는 순간, 나를 조금은 더 따뜻하게 대하는 순간, 예민함은 더 이상 짐이 아니라 나를 더욱 빛나게 하는 힘이 됩니다.

3장
'남'보다 '나'를
먼저 다독이는 법

이 책을 읽는 독자들은 예민한 성향으로 불편한 경험을 해본 적이 있을 겁니다. 그리고 이 책을 읽고 난 후에는 조금이나마 자신의 모습에 변화가 있기를 바랄 겁니다.

여러분은 자신이 어떤 모습으로 변하길 원하나요? 어떤 이는 인간관계에서 덜 힘들었으면 좋겠다고 말합니다. 어떤 이는 감정이 덜 요동치기를 바라기도 합니다. 시계 초침 소리나 윗집에서 들리는 소음에 조금은 덜 스트레스 받고 싶어 하기도 하지요.

좀 더 근본적인 변화를 원하기도 합니다. 덜 예민해지는 걸 넘어 성격 자체가 바뀌었으면, 괴로운 생각과 감정, 감각 자체를 느끼고 싶지 않다고 말합니다. "인간관계에서 무던해졌으면 해요. 아예 상처받지 않도록요", "더 이상 불안해지고 싶지 않아요", "저를 힘들게 하는 그 기억이 사라졌으면 좋겠어요. 생각이 아예 나지 않게 할 수는 없을까요?" 예민함에서 오는 과도한 자극과 불편한 경험 자체가 사라졌으면 하는 마음으로 이렇게 말하는 것이겠지요.

혹은 섬세한 사람을 까다로운 사람으로, 조심성이 많은 사람을 별난 사람으로, 신중한 사람을 답답한 사람으로, 남을 배려하는 마음에 거절이 어려운 사람을 만만한 사람으로 치부하는 세상에서, 그리고 이 사람들 모두를 '예민한 사람'으로 단정 짓는 사회에서 살아남으려는 간절한 바람과 몸부림일지도 모릅니다.

안타깝게도 여러분이 가진 특성 자체를 바꾸는 건 불가능합니다. 타고난 예민한 성향을 없애려 할수록 자신을 부정하게 되고, 자신을 부정할수록 오히려 고통과 불편감은 심해집니다. 스스로 이상하고 부족하다는 생각에서 벗어날 수 없게 됩니다. 이렇듯 예민함을 바꾸겠다거나 없애겠다는 잘못된 목표를 설정하면 얼마 남지 않은 에너지만 고갈시킬 뿐 아무런 소득을 얻지 못합니다.

우리는 베일 수 있다는 이유로 날카로운 칼을 무디게 만들지 않습니다. 칼을 사용하는 자신의 손기술을 갈고닦아야 합니다. 다루기 어렵다고 해서 섬세한 악기를 일부러 무디게 만들지도

않습니다. 시간과 노력을 들이면 섬세한 악기만이 표현할 수 있
는 아름다운 음악을 만들어낼 수 있다는 걸 우리는 너무나 잘 알
고 있습니다.

불편함을 견디는
맷집을 기르자

결국 우리의 목표는 예민함을 없애는 것이 아니라, 그 예민함을
조절하는 능력을 키우는 것이 되어야 합니다. 타고난 성향은 바
뀌지 않지만, 그것을 어떻게 다루고 활용할지는 우리의 노력에
따라 달라집니다. 불필요한 자극은 적당히 피하고, 자극에 압도
당하면 잠시 휴식을 취하고, 다시 예민해지는 상황에 도전해 보
고, 그러다 보면 어떻게 대처해야 할지 스스로 익히게 됩니다.

그렇게 조절력을 키우다 보면 예민함에서 오는 불편함을 견
디는 능력, '맷집'이 생깁니다. 예전에는 참기 힘들었던 날카로
운 소리가 여전히 민감하게 들리지만, 이제는 제법 견딜 만해집
니다. 다른 사람의 시선이 여전히 신경 쓰이지만, 그래도 이제는
내 할 일에 집중할 수 있습니다. 감정에 휩쓸려 쉽게 우울해지기
도 하지만, 이제는 그 감정에 압도당하지 않고 어느새 그 감정에

서 빠져나올 수 있습니다.

우리가 해야 할 일은 예민함으로 종종 불안하고 고통스러워도 치명상을 입지는 않도록 자신을 돌보는 것, 상처를 받더라도 스스로 치유할 수 있는 내면의 힘을 기르는 것입니다.

'내성(견딤) 범위'라는 개념이 있습니다. 이는 트라우마나 스트레스 상황에서도 감정적, 심리적, 생리적으로 적응적인 상태를 유지할 수 있는 범위나 수준을 말합니다. 쉽게 말해 '멘털이 흔들리지 않는 상태'는 이 범위 안에 있을 때만 가능합니다.

너무 긴장하거나 흥분하거나 불안해하는 과잉 반응 상태 혹은 너무 무감각하거나 둔하거나 수동적인 과소 반응 상태에서는 스트레스 상황에 적절하게 대응할 수 없습니다. 시험을 앞두고 너무 긴장하거나 불안하면 집중할 수 없고, 그렇다고 너무 느긋하거나 무기력해도 제대로 할 수 없는 것처럼요.

적당한 수준의 각성, 감정 상태일 때만 우리는 상황을 냉정하게 판단하고 유연하게 대처할 수 있습니다. 내성 범위 안에 있어야 화가 나더라도 화난 자신을 알아차리고 그 감정에 압도되지 않을 수 있으며, 불안하더라도 대처 방법을 생각하고 그에 따라 적절히 대응할 수 있습니다.

이 개념은 예민한 사람에게도 그대로 적용됩니다. 예민해지는 상황에서도 감정적, 심리적, 생리적으로 압도되지 않도록 내성 범위를 넓히는 것, 그래서 상황을 회피하거나 과하게 반응하지 않고 유연하게 대응하며 점차 그 상황에 적응해 나가는 능력이 예민한 사람에게 필요합니다. 특정 상황에서 예민해지는 성향 자체는 바뀌지 않지만, 멘털이 흔들리지 않는 상태를 유지하는 힘과 정서적 맷집을 키우는 일은 예민한 사람 누구나 할 수 있습니다.

악기 다루는 법을
배운다는 마음

앞서 여러 번 강조했지만 예민함으로 '전혀' 힘들지 않고, 상처받지 않는 것은 목표가 될 수 없습니다. 상처받지 않는 삶이란 없습니다. 상처받지 않아야 반드시 행복한 것도 아닙니다. 누구나 조금씩은 치이고 고통을 겪으며 살아갑니다. 다만 예민함이 주는 불편함 속에서도 나만이 가진 특성을 있는 그대로 받아들이고 강점을 온전히 보는 것은 예민한 사람이 앞으로 나아가기 위해 가져야 하는 목표입니다.

목표를 잘못 설정하면 아무리 노력해도 원하는 결과를 얻을 수 없습니다. 문제가 잘못 출제되었다면 아무리 열심히 풀어도 정답을 찾을 수 없는 것처럼요. 이때는 문제를 푸는 노력을 멈추는 것이 최선입니다.

우리도 예민함 자체를 바꾸려는 잘못된 시도를 용기 있게 그만두어야 합니다. 대신 예민함을 어떻게 잘 활용할지, 더 나아가 자신의 삶을 어떻게 더 풍요롭게 만들어 나갈지에 초점을 두어야 합니다.

참고로 정신의학에서 우울장애, 불안장애를 겪는 환자의 치료 목표도, 우울과 불안을 완전히 없애는 데 있지 않습니다. 우울과 불안을 느끼지 않는 사람으로 만드는 것은 이상적이지도 않고 인간적이지도 않습니다.

우울과 불안이란 감정은 인간이라면 누구나 경험하는 삶의 일부입니다. 다만 일상생활을 유지하기 어려울 정도의 고통, 극심한 불편감이나 죽고 싶은 마음 때문에 힘들다면, 거기서 벗어나도록 돕습니다. 이는 첫 번째 치료 목표가 됩니다. 그다음 단순히 증상을 줄이는 것을 넘어 감정을 조절하는 방법을 배우고, 불안하고 우울한 상황에서도 견딜 수 있다는 유능감을 키우는 것이 두 번째 목표입니다. '불안하지 않은 상태'는 목표가 될 수 없지만, '불안을 다스리는 과정'은 목표가 될 수 있는 것이지요. 이런 변화로 사회 구성원으로서 역할을 충분히 해내고 자신의 삶을 주체적이고 적극적으로 살아갈 수 있도록 돕는 것, 그것이 치료의 최종 목표입니다.

이 책을 읽는 지금 이 순간에도 여러분 내면의 변화는 이미 시작되었습니다. 자신의 여민함을 올바로 이해하려는 자세, 부정적으로만 보였던 특성의 강점을 찾아보는 과정 자체가 성장과 변화의 첫걸음입니다. 이 과정에서 좌절과 불편함을 견디는 힘을 키울 수 있고, 예민함을 다룰 수 있다는 자신감도 얻게 될 겁니다. '예민하지 않은 상태'가 아닌, '예민함을 다스리는 과정'이 우리의 지향점입니다. 그 방향으로 나아가다 보면 여러분만이 가진 섬세한 악기로, 여러분만이 표현할 수 있는 아름다운 음악을 만들어가게 될 겁니다.

"자책하지 마라", "불안해하지 마라", "신경 쓰지 마라."

많은 예민한 사람이 흔히 듣는 조언입니다. 하지만 이런 말들은 별로 도움이 되지 않습니다. 말처럼 쉽게 되었다면 진짜 예민한 사람이 아닐 겁니다. 누구보다도 자책하지 않고, 불안해하지 않고, 신경 쓰고 싶지 않은 사람이 예민한 사람이니까요. 그러지 않으려 해도 여전히 자책하고 불안해하고 신경 쓰는 걸 보면 이는 분명히 개인의 바람이나 의지의 문제가 아닙니다.

솔직히 말해, 이런 말들은 실현 불가능합니다. 누구나 때때로 자책하고, 종종 불안해하고 신경 쓸 수밖에 없습니다. 자책이나 불안 자체가 나쁜 것도 아닙니다. 오히려 자신이 저지른 잘못을 돌아보며 같은 실수를 반복하지 않고 더 철저히 준비하게 합니다. 다만 문제는 끝없는 자책으로 자신을 괴롭히거나, 불안감에 짓눌려 삶의 여유를 충분히 누리지 못하는 상황입니다.

그럼에도 많은 사람이 앞서 언급한 조언을 하는 이유는 '자책을 너무 많이는 하지 말라'는 뜻일 겁니다. 또 '너무 많이 불안해하지는 않았으면 좋겠다'라는 바람과 '너무 예민해져서 힘들지는 않았으면 좋겠다'라는 안타까움이 함께 담겨 있습니다. 따라서 중요한 것은 자책이나 불안에 관해 '하지 말라'가 아니라 '적당히 하라'는 것입니다.

'적당히'를 가능하게 만드는 자기 수용의 힘

음식에 소금을 전혀 넣지 않으면 맛이 싱겁고, 너무 많이 넣으면 짜서 먹을 수 없습니다. 예민함과 예민함에 따른 감정도 마찬가지입니다. 자책과 불안은 아예 없어야 하는 게 아니라 삶의 균형을 맞추는 '간'처럼 적당히 있을 때 제 역할을 합니다.

스트레스도 마찬가지입니다. 스트레스가 전혀 없으면 동기부여가 되지 않고 지나치면 금세 지쳐버립니다. 적당한 스트레스가 있을 때 오히려 집중력이 오르고 일의 효율이 높아집니다. 스트레스를 완전히 없애려는 것은 긍정적인 결과를 내지 않을뿐더러 실현 불가능한 일입니다. 스트레스를 잘 관리하는 사람들의 공통점은 자신에게 도움이 되는 수준에서 긴장을 '적당히' 유지하는 것에 능숙하다는 점입니다. 예민한 사람에게 필요한 것도 결국 이와 같은 균형입니다.

스스로 세우는 기준에도 '적당히'는 중요합니다. 자기 기준이 너무 낮으면 성장할 동력을 잃게 됩니다. 반면 기준이 지나치게 높으면 작은 실패도 크게 다가와 쉽게 좌절하게 됩니다. 많은 예민한 사람은 자신에게 엄격한 기준을 들이대다가 지치곤 합니다. 그리고 그런 높은 기준이 가장 버겁게 느껴지는 시기 중 하나가 바로 사회 초년기나 커리어 전환기입니다.

일을 맡을수록 '제대로 해내야 한다'라는 압박은 커지고, 작은 실수조차 스스로 용납하지 못합니다. 보고서 하나를 쓰더라도 완벽해야 한다는 생각에 밤을 새우고, 회의 준비를 위해 자신의 에너지를 과도하게 소모하기도 합니다. 하지만 일을 잘하고 싶다는 마음과 별개로, 스스로를 소진시킬 정도로 기준을 높게 잡는다면 그 노력은 오히려 득보다 실이 클 수 있습니다. 일은 결국 장기전인데, 처음부터 모든 힘을 쏟아붓는 방식은 오래가기 힘들기 때문입니다.

잘 해내기 위해 성심성의껏 준비하되, 처음부터 모든 것을 완벽하게 해내려 애쓰지 않아도 됩니다. 자기 기준을 조금만 낮춘다면 바쁜 일과에서 잠시 숨 쉴 여지가 생깁니다. 현실적으로 적용할 수 있는 방법 하나는 일을 처음부터 끝까지 한 번에 완성하려 하지 않고, 가능한 한 작은 단위로 나누어 진행하는 것입니다. 보고서 작성을 예로 들면, 처음부터 완벽한 결과물을 만들려 애쓰기보다 우선 핵심 구조를 정리한 다음 내용을 보완해 가는 방식이 될 수 있습니다.

이 과정에서 중요한 것은 결과만 보지 않고 중간중간에 내가 무엇을 해냈는지, 무엇을 새로 배웠는지를 스스로 인식하는 일입니다. 그렇게 쌓인 작은 경험들은 '나는 해낼 수 있다'라는 인식으로 이어집니다. 그렇게 잠시 멈추어 지나온 과정을 돌아볼 수 있을 때, 우리는 더 멀리 나아갈 힘을 얻게 됩니다. 나아가 자기 기준이 '적당할' 때 비로소 자기 자신에 대한 연민도 느낄 수 있습니다.

사례

금 이 상황에서 경각심도 느끼지 않는 건 현실 감각이 없어서 그런 거야', '부모님이 주신 돈을 이렇게 날리는 건 부모님에게도 너무나 죄송한 일이야'라는 생각에 자존감은 낮아지고 우울감은 깊어졌습니다. 간간이 열심히 공부할 때도 있었지만 그는 늘 해내지 못한 날들만 기억했습니다. '나는 반드시 이래야 한다'라는 높은 기준은 곧 자기 비난으로 이어졌고 그 기준을 채우지 못하는 것을 실패와 낙오로 받아들였습니다.

그에게 가장 필요한 것은 무엇일까요? 바로 자기 수용과 연민입니다. 다리를 삐면 한동안 절뚝거릴 수밖에 없듯, 지금의 무기력한 모습도 우울한 상황에서는 그럴 수 있다는 점을 받아들여야 합니다. 누구나 때때로 실패하고 무너진다는 점을, 그럴 때 지치고 무기력할 수도 있다는 점을 이해해야 합니다. 그리고 친구가 힘들 때 건네는 위로처럼 자기 자신에게도 "괜찮아, 다시 해볼 수 있어"라는 격려의 말이 필요하지요.

자기 수용은 어쩔 수 없다는 체념이 아닙니다. 지금 현실을 있는 그대로 바라보는 자세이며, 이를 통해 자신을 조금 더 따뜻하게 대할 수 있을 때 비로소 우리는 앞으로 나아가기 위한 힘을 얻습니다.

타인의 말에도 '적당히' 귀 기울이는 것이 필요합니다. 예민한 사람들은 상대가 무심코 던진 말 한마디에도 깊이 상처받곤 합니다. "요즘 만나는 사람은 있니?"라는 친척의 가벼운 질문조차 마치 자신을 평가절하하는 말처럼 들리기도 합니다. '지금 내가 애인도 없다고 무시하는 건가? 아니면 나이가 너무 들었다고 생각하는 건가?'라는 생각이 꼬리에 꼬리를 물면서 짜증나고 불편한 마음을 견디기 어려워집니다.

사실 상대방은 오랜만에 만나 단순히 궁금해서 물었을 수 있고, 특별히 할 말이 생각나지 않아 무심코 말을 던질 걸 수도 있습니다. 물론 상대방이 조금 더 신중했다면 좋았겠지만, 그렇다고 모든 말에 반박하고 매달릴 필요는 없습니다. 그런 과정에서 결국 힘든 쪽은 나 자신이기 때문입니다. 때로는 짧게 "아니요, 아직이요"라고 답하며 흘려보내거나, "그건 국가 기밀이에요"처럼 재치 있게 주제를 바꾸는 것이 내 마음을 지키는 방법이 됩니다. 그렇게 상대에게 예의는 지키면서도 나 자신을 보호하는 시도를 해볼 수 있습니다.

대응 방식에서도 적당한 균형은 중요합니다. 어떤 사람은 무조건 자기 자신만 바꾸려 하고, 어떤 사람은 늘 환경이나 타인만 바꾸려 합니다. 하지만 두 방식 모두 극단적이면 나와 남 모두가 힘들어집니다.

상황에 따라 나를 조정하기도 하고, 필요하다면 환경을 바꾸도록 요구하는 유연함을 가져야 합니다. 항상 남에게 맞춰주기만 하면서 나를 바꾸려 하면 내 삶이 힘들고, 반대로 늘 남에게 바뀔 것을 요구하고 부당함만을 주장하면 갈등이 깊어집니다. 예민해서 힘든 상황일수록 '지금 내가 바꿀 수 있는 내 행동은 무엇일까?'와 '내가 환경이나 타인에게 요구할 수 있는 것은 무엇인가?'를 함께 물어보세요. 이렇게 안과 밖을 동시에 살펴보면 어느 한쪽에 치우치지 않고 조금은 더 균형 있게 대응할 수 있습니다.

나만의 기준이
예민을 다루는 힘이 된다

그렇다면 도대체 어느 정도 해야 '적당히'일까요? 완벽주의적인 성향의 사람이라면 이런 질문을 던질 수 있습니다. "정확히 그 기준을 알려주세요!"

그러나 안타깝게도 그 기준은 하나의 정답으로 정해져 있지 않습니다. 누군가가 대신 정해줄 수도 없습니다. 이 질문의 답은 결국 여러분 안에 있습니다. 예를 들어, 친구가 한 말의 의도를 1시간씩 고민하던 사람이 잠시 산책을 하며 머리를 식히고

들어와서 그 시간을 40분으로 줄였다면, 그것은 충분히 '적당한' 시간입니다. 또 친구의 마음이 상할까 봐 거절을 전혀 하지 못하던 사람이, 10번 중 2번이라도 정중히 거절할 수 있다면 그것 역시 '적당히'입니다.

'적당히'는 횟수나 정도가 수치로 정해진 고정된 값이 아닙니다. 지금 과도하게 한쪽으로 쏠린 생각과 행동 방식을 조금씩 되돌리는 방향에 가깝습니다. '나는 부모님이 준 돈으로 학원도 가지 않고 집에만 있으니 쓸모없는 사람이야'라는 생각이 떠오를 때, 잠시라도 오늘 내가 해낸 작은 일을 생각해 낼 수 있다면 점점 자연스럽게 '적당히' 고민하고 불안하고 자책하게 될 겁니다.

'적당히'의 출발점은 지금 이 시점의 내 모습입니다. 예전의 나보다 조금 더 편해지고 조금 덜 힘들어지는 것, 그래서 자신을 조금 더 따뜻하게 바라보고 받아들이는 것이 '적당히'의 목적입니다. 이 변화는 하루아침에 완성되지 않습니다. 시간이 걸리지만, 천천히 걸어가다 보면 어느새 더 적당한 방향에 서 있는 자신을 발견하게 됩니다.

이 모든 변화는 결국 자기 인식에서 시작됩니다. 내가 언제 불편해지는지, 그때 어떻게 반응하는지를 기록하고 관찰하는 것만으로도 '적당히'의 감각을 찾을 수 있습니다.

일기나 메모에 그날 일어났던 일과 그 순간에 떠오른 생각과 감정을 적어보세요. 나를 관찰하고 인식하는 것, 그리고 그것을 글로 적어보는 것이 자기 인식의 첫걸음입니다(더 자세한 내용은 뒤에서 다루겠습니다). 적당히 자책하고 적당한 자기 기준을 세우고, 적당히 타인의 말을 듣고, 적당히 나와 환경을 조율하는 과정에서 우리는 예민함을 다루는 힘과 자신감을 얻게 됩니다.

통제를
포기할 때
비로소
통제할 수 있다

감정을 잘 조절하려면 크게 세 가지 단계를 거쳐야 합니다.

첫째는 복잡한 감정과 생각을 확인하는 것, 둘째는 감정과 생각에서 잠시 거리를 두는 것, 셋째는 그 상황에서 가장 바람직한 행동을 선택해 실천하는 것입니다. 이 책의 표현으로는 앞의 두 단계가 '모니터링'에, 마지막은 가치 있는 행동에 '전념하기'에 해당합니다. 여기서는 우선 모니터링 하는 법을 소개하고, '전념하기'는 다음 장에서 다루겠습니다.

예민한 사람에게 모니터링은 단순히 일기를 쓰는 행위가 아닙니다. '내가 지금 느끼는 감정과 떠오른 생각이 어떤 행동을 하게 하는가?'라는 질문을 던지면서 감정과 생각이 행동을 지배하지 않도록 돕는 중요한 과정입니다. 그렇다면 우리는 무엇을 모니터링해야 할까요?

내가 예민해지는 상황 관찰하기

우선 '상황'을 살펴야 합니다. 내가 언제 더 예민해지는지 관찰하는 것이지요. 어떤 사람은 직장에서 상사의 무심한 말투에 큰 상처를 받고, 또 어떤 사람은 친구가 답장을 늦게 하면 '나를 싫어하는 게 아닐까'라는 생각에 빠집니다. 즉, 내가 어떤 자극에 예민한지를 확인하는 과정입니다.

또 어떤 맥락과 상황에서 평소보다 더 예민한지도 확인해야 합니다. 잠을 못 잤을 때, 배가 고플 때, 피곤할 때부터 최근 이별을 겪었을 때, 중요한 발표를 앞뒀을 때, 믿었던 사람에게 상처받았을 때처럼 예민함을 키우는 상황은 다양합니다. 이처럼 내가 언제 예민해지는지 상황과 맥락을 파악하는 것만으로도 우리의 예민함은 훨씬 분명해지고, 불필요한 자극에서 조금은 멀어질 수 있습니다.

나의 생각, 감정, 행동 기록하기

다음으로는 내 안에서 일어나는 '생각, 감정, 행동'을 기록해야 합니다. 어떤 예민한 사람은 머릿속에서 끊임없이 곱씹어 생각합니다. '저 사람이 왜 저런 표정을 지었지? 혹시 나 때문인가?', '그때 내가 그렇게 했으면 안 되는데'와 같이 생각에서 빠져나오기가 어렵습니다. 그러다 보니 상대방이 조금이라도 불편해하지 않도록 스스로 모든 일을 떠안아 버리거나, 아예 만남 자체를 피하기도 합니다.

이럴 때는 '내가 지금 어떤 생각을 하고 있는지, 그 생각에 어떤 감정이 따라오는지, 그래서 어떤 행동으로 이어지는지'를 차근차근 관찰하고 기록해 보는 것이 좋습니다. '내가 이런 생각을 할 때 이런 감정을 느껴서 이런 행동을 하게 되는구나'처럼 간단히 써도 괜찮고, 상황과 내용을 구체적으로 적어봐도 좋습니다. 더 나아가 행동의 세 가지 축인 접근과 회피, 과잉 반응과 과소 반응, 내부 적응과 외부 적응을 함께 살펴보면, 내 반응이 어느 쪽으로 치우쳐 있는지 확인할 수 있습니다.

생각, 감정, 행동을 관찰할 때 도움이 되는 한 가지 조언은 '나'와 '나의 경험'을 분리해서 바라보는 것입니다. 예를 들어 '나는

'화가 났다'라고 쓰는 대신 '화라는 감정을 느끼고 있다'라고 적는 식이지요. 비슷하게 '난 역시 약해빠졌어'보다 스스로 지금 '내가 약하다고 생각하고 있구나'라고 표현할 수도 있습니다. 이렇게 하면 감정에 휘말리지 않고 한 걸음 물러서서 나 자신을 좀 더 객관적으로 바라볼 수 있습니다.

또 하나 중요한 팁은 '기술description'과 '판단judgment'을 구분하는 것입니다. '불안한 생각이 떠올랐어'는 사실을 있는 그대로 적은 기술이지만, '또 불안해하네, 이러면 안 되는데'는 주관적인 판단입니다. 판단이 들어가면 흔히 '나는 왜 이 모양이지', '또 실패했어' 같은 자기 비난으로 이어지기 쉽습니다.

또 판단은 '이러면 안 돼'라는 메시지를 자신에게 전달해, 과도한 걱정과 불안을 키우기도 합니다. 관계 속에서 판단은 타인의 말이나 행동을 불필요하게 확대해석하게 만듭니다. '상대가 인사를 짧게 했다'라는 기술 대신 '그 사람이 기분 나쁜 게 분명해. 아마 나 때문에 화가 난 걸 거야'라는 판단을 하면 스스로 위축되기 쉽습니다. 판단이 개입되면 이는 쉽게 투사projection로 이어집니다. 투사란, 내 마음속의 불편한 감정이나 생각을 다른 사람도 가진 것처럼 느끼는 것입니다. 아무도 나를 무시하지 않았는데도 '사람들이 나를 무시한다'라는 생각이 드는 것이 그 대표적인 예입니다. 특히 생각에 예민한 사람이라면 '내 생각이 언제나 사실인 것은 아니다'라는 점을 잊지 않는 것이 중요합니다.

'나'와 '나의 경험'을 분리하고 '판단' 대신 '기술'하는 태도를 종합한 것이 바로 '마음챙김^{mindfulness}'입니다. 마음챙김이란, 과거나 미래로 끌려가지 않고 '지금 이 순간'의 생각, 감정, 몸의 감각 등을 있는 그대로 알아차리는 연습입니다. 옳고 그름을 따지는 대신 현재에 집중하는 것이지요.

어떤 생각이 떠올랐을 때 '이런 생각은 하지 말아야지'라고 억지로 통제하려 하기보다 '생각이 떠올랐구나' 하고 알아차리고 그대로 두는 것이 마음챙김의 핵심입니다. 오히려 이렇게 했을 때 그 생각의 영향에서 벗어날 수 있습니다. 통제를 포기할 때 비로소 통제되는 것입니다. 관련 연구에서도 마음챙김은 불안과 우울 같은 부정적인 감정을 줄이고, 회복 탄력성과 자기 조절 능력을 키우는 데 도움이 된다는 점을 확인한 바 있습니다.

어떤 사람은 '나는 왜 자꾸 다른 사람과 비교하지? 왜 이렇게 불안하지? 난 너무 예민해서 문제야. 이런 내가 못났어'라는 생각에 사로잡히곤 합니다. 하지만 이런 생각과 감정을 억누르거나 바꾸려 하지 말고 있는 그대로 받아들여 보세요.

단순히 '나는 이렇구나'라고 인정해 보세요. 인간이라면 누구나 비교도 하고, 불안도 느낄 수 있습니다. 그런 감정이나 생각과 싸운다고 해서 그것들이 사라지는 건 아닙니다. 떠오르는 생각 자체를 막을 수는 없고, 몰려오는 감정을 피할 수도 없지만, 그 생각과 감정에 매몰되지 않고 흘려보내는 것은 우리의 선택입니다. '나는 왜 이렇게 회피적일까?', '난 너무 갈등을 무서워해' 같은 판단으로 생각이 꼬리에 꼬리를 물기 전에 멈추는 것이 목표입니다. 오히려 '난 원래 불안해해', '난 원래 생각이 많아'라고 인정하는 순간, 있는 그대로의 나로 살아갈 용기가 찾아옵니다.

내 행동의 '진짜' 이유 탐색하기

세 번째는 '동기'를 모니터링하는 것입니다. 예민함의 이면에는 완벽주의나 강한 책임감이 숨어 있는 경우가 많습니다.

예를 들어, 어떤 학생은 과제를 제출할 때 사소한 오타 하나라도 없도록 밤을 새우며 고칩니다. 그런데 그 원동력이 완벽한 결과물을 만들었을 때의 성취감과 뿌듯함 때문인지, 아니면 실패하거나 비판받을까 봐 두려운 마음 때문인지 곰곰이 따져보아야 합니다.

사실 누구나 단 하나의 이유만으로 어떤 행동을 하지는 않습니다. 하고 싶으면서도 하기 싫은 마음이 드는 건 자연스러운 일입니다. 다만 문제는 즐거움과 뿌듯함보다 부담과 두려움이 훨씬 클 때입니다. 만약 두려움이 내가 행동하는 거의 유일한 이유라면 그 완벽주의는 성장으로 이끄는 힘이 아니라 나를 지치게 하는 짐이 됩니다. 이런 일이 반복되면 새로운 도전 앞에서 용기를 내기보다 피하고 싶은 마음만 남게 되지요.

여러분이 완벽주의나 책임감 때문에 인생이 지나치게 힘겹다고 느껴진다면 근본적인 질문을 던져야 합니다. '나는 왜 완벽주의를 추구할 수밖에 없는가?', '나는 왜 그토록 책임감을 크게 느끼는 걸까?', '무엇이 나를 이렇게 행동하게 하는 걸까?'라고 말이죠.

직장인 A는 매일 새벽 운동과 공부로 이른바 '갓생'의 삶을 실천했습니다('갓생'이란 신을 뜻하는 '갓god'과 '인생'을 합친 말르, 목표와 계획을 세워 부지런히 자기 계발에 몰두하는 삶을 의미합니다). 겉으로는 자기 관리가 철저하다는 점에서 좋게 보이지만 그 속을 들여다보면 이야기가 조금 달라집니다. 그의 행동 동기는 무엇일까요? 더 나은 회사에 가고 싶어서일까요? 스스로 성취감을 느끼고 싶어서일까요? 아니면 실패하면 안 된다는 불안 때문일까요?

사실 A가 갓생을 시작한 계기는 여자 친구와의 관계였습니다. 여자 친구가 그에게 '배울 점이 있는 사람'을 이상형으로 말해서 그는 자신에게 집중해 부지런히 살았습니다. 하지만 정작 여자 친구는 "너는 내 얘기를 듣지 않는다"라고 말했습니다. 지나치게 갓생에 몰두한 나머지 여자 친구와 함께 있을 때도 자신이 무엇을 배웠는지, 앞으로 무엇을 할지만을 이야기했기 때문입니다. 열심히 산 이유가 그녀 때문이라 믿었지만, 오히려 진솔한 대화를 나누고 친밀함을 쌓을 시간을 놓치고 만 것이지요.

물론 갓생 자체가 나쁜 것은 아닙니다. 하지만 모든 것이 그렇듯 지나치면 문제가 생깁니다. 흥미로운 점은 A가 진료실에서도 비슷한 모습을 보였다는 사실입니다. 제 말을 한마디도 놓치지 않으려는 듯 꼼꼼히 받아 적곤 했습니다. 여기에는 배우고 성장하려는 열망이 담겨 있었겠지요. 그러나 동시에 '혹시 하나라도 놓치면 불안하다'라는 마음이 자리하고 있지는 않았을까요? 더 나아가 '내가 성장하지 못하면 나는 별로인 사람이야'라는 믿음이 마음속 깊은 곳에 자리 잡고 있었던 건 아닐까요?

긍정적인 순간 발견하기

마지막으로 '긍정적인 순간'을 모니터링하는 것도 필요합니다. 여러분의 일기장 속 내용을 한번 떠올려 보세요. 우리는 흔히 힘들었던 상황만 기억하고 기록합니다. 하지만 의외로 잘 지낼 수 있었던 순간을 생각하고, 그때 무엇이 나를 편안하게 했는지를 떠올리는 것은 매우 중요합니다. 예를 들어, 주말에 공원을 산책하며 음악을 들을 때 복잡한 마음이 한결 가벼워졌다면, 바로 그 경험이 나를 회복시키는 자원이 될 수 있습니다. 혹은 따뜻한 햇볕이 드는 카페에서 커피를 마실 때, 오랜만에 친구와 웃으며 대화를 나눌 때, 반려동물이 옆에 다가와 기대앉을 때 느꼈던 편안함도 좋은 예가 될 수 있습니다. 무사히 발표를 마친 뒤 '이번에는 왜 조금 더 수월했을까?'를 되짚으며 느낀 점과 배운 점을 확인하는 것도 큰 힘이 됩니다. 이처럼 긍정적인 순간을 기억하고 기록하는 일은 단순한 위안이 아니라 예민한 마음을 지탱해주는 방패이자 든든한 자원이 됩니다.

결국 모니터링은 자기 자신을 향한 따뜻한 관심이자 이해의 태도입니다. 우리는 때때로 '나는 어쩔 수 없어', '이렇게 사는 건 무가치해', '어떻게 해도 벗어날 수 없어'라는 좌절감에 사로잡히곤 합니다. 모니터링은 그런 좌절에서 벗어나도록 돕는 가장 실제적인 방법입니다.

또 내 안에서 일어나는 생각과 감정과 행동을 지켜보고 기록하는 꾸준한 노력이 삶의 방향을 바꿀 수 있습니다. 정신분석가 칼 융은 "인생의 커다란 문제들은 결코 풀린 적이 없다. 그것의 의미는 해결에 있지 않고 우리가 부단히 그 문제와 씨름하는 데에 있다"라고 말했습니다. 예민한 사람이 자신을 모니터링하는

행위는 바로 그 씨름의 출발점이자 성장으로 이어지는 첫걸음
입니다.

행위는 바로 그 씨름의 출발점이자 성장으로 이어지는 첫걸음
입니다.

1단계. 내가 예민해지는 상황 관찰하기

예시 :

- 날짜: 2025년 12월 26일
- 상황: 평소 답장이 빠르던 친구 A가 답장을 늦게 보냄.
- 특이 사항: 다른 친구 B와 최근 말다툼을 했었음. 이 일로 인해 대인 관계에 민감해짐.

날짜:

상황:

특이 사항:

2단계. 나의 생각, 감정, 행동 기록하기

예시 :

- 생각: '나를 싫어하는 게 아닐까'라는 생각이 떠오름.
- 감정: 화나는 감정과 불안한 감정을 동시에 느낌.
- 행동: 친구가 문자를 봤는지 반복해서 확인함. 문자를 다시 보낼까 하다가 그만둠.

- 팁 1: '나'와 '나의 경험'을 분리하기
- 팁 2: '기술'과 '판단'을 구분하기

생각: ....

감정: ....

행동: ....

3단계. 내 행동의 '진짜' 이유 탐색하기

예시 :

- 나는 친구 연락에 빠르게 답장하는데, 친구는 그렇지 않으니까 속상해.
  - → 내가 친구를 소중하게 여기는 것처럼, 친구도 나를 중요한 사람으로 여기고 존중해 주면 좋겠어!

- 팁 1: '이 상황에서 내가 진짜로 바랐던 것은 무엇일까?' 생각해 보기

내 행동의 '진짜' 이유 써보기

....

....

....

....

....

4단계. 긍정적인 순간 발견하기

오늘 하루 중 긍정적인 순간 써보기

모니터링을 했다면 이제는 행동할 차례입니다. 내가 바람직하다고 생각하고 가치 있다고 믿는 행동에 전념하는 거죠. 1장에서 우리가 예민한 자극에 어떤 식으로 반응하는지를 접근과 회피, 과잉 반응과 과소 반응, 내부 적응과 외부 적응, 세 가지 관점으로 살펴보았습니다.

이런 접근은 '나는 이런 상황에서 늘 이렇게 반응해'라는 굳어진 틀에서 벗어나는 데 도움을 줍니다. 즉, 예민함을 불러일으키는 상황에서 다양한 선택을 할 수 있다고 알려주는 거지요. 만약 여러분이 특정 상황에서 회피'만' 하거나 과잉 반응'만' 한다면, 이제 우리는 상황에 맞게 좀 더 의식적으로 다양한 행동을 할 수 있어야 합니다.

하지만 이렇게 나의 반응을 알아차리고 행동의 선택지를 넓히는 것만으로는 부족합니다. 왜냐하면 어디로 나아가야 할지를 알려주는 건 아니기 때문입니다. 그래서 어떤 방향으로 행동할지를 정하고 이를 향해 꾸준히 실천하는 태도가 필요합니다.

우선 예민한 사람에게 필요한 '유연성'에 대해서는 앞에서도 말했듯, 예민한 사람일수록 늘 같은 방식으로만 반응하는 경향이 강합니다. 예민함에 의해 불편한 감정이 올라오면 이를 제대로 인식하지 못한 채 곧바로 특정 행동을 하게 됩니다. 피해받았다는 느낌을 받으면 상대방에게 버럭 화를 내고, 불안한 상황이 오면 일단 도망쳐야 할 것 같지요. 때론 무조건 참고 그 감정을 억누르려고만 합니다.

물론 이런 반응이 나쁜 것만은 아닙니다. 나를 보호하고 더 큰 불편을 피하는 기능이 있지요. 다만 어느 쪽이든 극단으로 치우치면 결국 삶이 불편해집니다. 행동 패턴이 굳어지면 여러분이 누릴 수 있는 다양한 삶의 기회를 희생하게 됩니다. 예민하고 불안해서 하고 싶지만 하지 못하고, 원하지만 경험하지 못하는 것들이 많아질수록 삶에 만족을 느끼기란 어렵습니다. 삶의 순간들을 내가 정말 원하는 대로 선택하지 못하기 때문이지요.

하지만 감정은 행동을 촉발할 뿐, 행동을 지시하지는 않습니다. 선택은 여전히 내 손안에 있습니다. 이를 위해 하루에 한 가지 작은 실험을 시도해 볼 수 있습니다. 일부러 평소와 조금은 다르게 행동해 보는 것입니다.

예를 들어, 갈등이 생기면 늘 회피하는 사람이 의도적으로 용기를 내어 반대 의견을 표현해 볼 수 있습니다. 반대로 사소한 일에도 과잉 반응하는 사람이라면, 이번만큼은 일부러 침묵하거나 한발 물러서는 연습을 해볼 수 있습니다. 그렇게 행동의 범위를 넓혀가는 과정이 바로 '유연성'입니다. 유연성이 생기면 조금씩 극단적인 행동 패턴에서 벗어날 수 있습니다.

중요한 것은 성공하느냐 실패하느냐가 아니라 새로운 행동을 해보는 경험 자체입니다. 그 경험이 쌓일수록 감정에 자동으로 끌려가기보다 '내 행동을 결정할 수 있다'라는 인식이 생깁니다. 그때 비로소 우리는 감정에 휘둘리지 않고 자신의 삶을 주도적으로 살아갈 수 있습니다.

내 삶에서 가장
중요한 가치에 집중하라

그러나 유연성만으로는 충분하지 않습니다. 아무리 다양한 반응을 해도, 그 행동이 어디를 향하는지 방향이 없다면 헤매기 마련입니다. 중요한 것은 결국 '어디로 나아갈 것인가'라는 방향입니다. 그 방향을 알려주는 것이 바로 '가치value'입니다.

가치는 목표goal와는 다릅니다. 목표는 달성하면 끝나지만, 가치는 삶 전체를 이끄는 나침반과 같습니다. 원하는 대학에 가는 것이 목표라면, 배움의 즐거움을 찾는 삶은 가치가 될 수 있습니다. 목표를 달성하지 못해도 가치는 변하지 않습니다. 목표한 대학에 가지 못해도 꼭 그 대학에서만 배움의 즐거움을 찾을 수 있는 것은 아니니까요. 책을 보다가도, 길을 걷다가도, 어린아이와 이야기하다가도 무엇인가를 배우고 그 과정에서 행복할 수 있습니다. 즉, 지속적으로 추구하는 의지와 노력에서 이어지는 삶의 방향이 바로 가치입니다.

가치를 찾는 질문은 다양합니다. 우리는 가족과 친구에게 어떤 사람이 되고 싶은지, 인간관계에서 어떤 태도를 중요하게 여기는지 고민해 볼 수 있습니다. 무엇을 더 배우고 싶은지, 그래서 어떤 모습으로 성장하기를 원하는지도 자신에게 물어볼 수 있습니다. 또 해보고 싶은 취미나 활동은 무엇인지, 어떤 순간에 생기가 도는지를 떠올려 보세요. 운동이나 명상처럼 일상생활을 잘 유지하기 위해서 스스로 챙기는 일이 있다면, 그것이 왜 중요한지를 생각해 보는 것도 좋습니다.

내 삶의 가치를 찾는 질문 목록

- 주변 사람에게 어떤 사람이 되고 싶은가

- 관계를 맺을 때 어떤 태도가 중요하다고 생각하는가

- 앞으로 무엇을 배워보고 싶은가

- 미래에 어떤 모습으로 성장하길 바라는가

- 도전해 보고 싶은 취미가 있는가

- 어떤 순간에 행복하다고 느끼는가

- 나를 위해 꾸준히 하고 싶은 것은 무엇인가

- 나의 삶을 상징하는 단어가 무엇이면 좋겠는가

이런 질문들에 답할 때 주목할 점은 가치는 대부분 '명사'보다는 '부사와 동사'로 표현된다는 점입니다. 예를 들어, '10억'은 목표이지만 '성실하게 일한다', '정직하게 산다'는 가치입니다. 따뜻한 사람이 되고 싶다거나, 배움과 성장을 이어가고 싶다거나, 몸과 마음을 건강하게 유지하고 싶다는 것이 바로 가치입니다.

가치에 정답이 있는 것은 아닙니다. 누군가의 가치가 '새로운 것에 도전하는 것'이라면, 또 다른 누군가는 '믿음을 주는 관계를 유지하는 것'일 수 있습니다. 어떤 이는 '배움'을, 어떤 이는 '삶의 여유'를 소중히 여길 수 있습니다. 좋아하는 색과 같은 취향에 옳고 그름이 없듯 가치에도 우열은 없습니다.

또 한 사람에게 여러 가지 가치가 함께 있을 수 있습니다. 굳이 하나만 선택할 필요는 없고, 다른 사람이 추구하는 가치를 따라야 할 이유도 없습니다. 중요한 것은 내가 어떤 가치를 중요하게 여기는지 스스로 알아차리는 일입니다.

예민한 사람에게 가치는 특히 큰 힘이 됩니다. 불안하고 불편한 감정에 휩싸이면, 흔히 회피하거나 억누르는 방식으로 반응하기 쉽습니다. 하지만 가치는 나를 현실에서 도망치지 않고 마주하도록 이끄는 단단한 닻이 되어줍니다. '아이에게 좋은 부모가 되고 싶다'라는 가치가 분명한 부모도 순간의 분노에 휘둘려 아이에게 화를 낼 수는 있습니다. 하지만 이것 때문에 죄책감에 빠져 헤어 나오지 못하는 대신 다시 관계를 회복하려는 행동을 선택할 수 있습니다. '성실하게 배우고 싶다'라는 가치가 있으면 시험에 떨어져 좌절감에 빠졌다가도 다시 도서관에서 책을 펼칠 힘을 낼 수 있습니다. 이처럼 쉽게 지치고 방향을 잘 잃어버리기 쉬운 예민한 사람에게 가치는 삶을 붙잡아주는 든든한 원동력이 됩니다.

간혹 "왜 사는지 모르겠어요. 이렇게 예민해서 힘들 거라면 군이 왜 살아야 하는 거죠?"라고 말하는 사람이 있습니다. 대답하기 참 어려운 질문입니다. 하지만 질문을 조금 바꾸어 보면 어떨까요? '왜 사는 걸까?'라는 물음은 막막할 수 있지만, '어떤 의미를 두고 살고 싶은 걸까?'라는 질문은 한결 구체적입니다. 가치를 찾고 그 가치에 맞는 행동을 할 때 비로소 우리는 공허함이나 허무함에서 조금씩 벗어날 수 있습니다.

그렇다고 더 열심히 살아야 한다고 말하는 것은 아닙니다. 이미 충분히 애쓰고 있는 사람에게 더 무거운 짐을 지우는 것이 아니라 에너지를 조금 다른 방향으로 써보자고 제안하는 것입니다. 즉, 삶의 이유를 찾느라 지쳐가는 대신 내가 중요하게 여기는 가치에 집중함으로써 에너지를 재분배하고, 그 가치를 내 삶을 지탱하는 힘과 에너지로 만들자는 것입니다.

작은 목표를 통해
현재의 삶에 뿌리내리기

진정한 가치에 따라 살기 위해서는 '기꺼이' 행동하는 용기가 필요합니다. 내가 중요하게 여기는 가치의 방향으로 나아가기 위해 불편하거나 고통스러운 감정이나 생각을 기꺼이 감수하고, 꾸준히 실천하는 구체적인 행동을 '전념 행동'이라 합니다.

내가 원하는 계획대로 되지 않아서 짜증 나는 상황, 불확실해서 걱정되는 상황에서도 '기꺼이' 경험하겠다는 태도는 우리를 성장시킵니다. 물론 기꺼이 한다고 해서 불안하거나 불편한 마음이 줄어드는 것은 아닙니다. 다만 그네에서 뛰어내리려면 손을 놓는 용기가 필요하듯, 불안하고 불편한 감정이나 생각에 의도적으로 맞설 뿐입니다.

따라서 기꺼이 경험하는 것과 억지로 참고 하는 것은 완전히 다릅니다. 당장 불편한 그 감정 자체를 없애려 애쓰지 않고 용기 있게 받아들일 때 우리는 그 마음을 서서히 다루어 나갈 수 있습니다. '기분을 억지로 좋게 만들려고 애쓰는 것이 아닌, 기분을 더 잘 다루는 법을 배우는 것'인 것이지요. 그렇게 우리 모두는 완벽하지 않고 때론 불만족스러운 삶에 분노하고 회피하는 대신, 나의 선택으로 이루어진 '내' 인생을 살 수 있습니다.

물론 가치만으로는 막연할 수 있습니다. 그래서 구체적인 작은 목표를 세워 행동에 옮기는 것이 효과적입니다. 이를 돕는 대표적인 방법이 'SMART 목표 설정'입니다. 목표를 세울 때는 명확하고Specific, 측정할 수 있으며Measurable, 현실적이고 달성할 수 있는Achievable, 스스로 바람직하다고 느끼고 가치에 부합하는Relevant, 일정한 기한Time-bound이 있는 활동으로 쪼개어 만드는 것입니다.

예를 들어, '친구와의 관계를 소중히 하고 싶어'라는 가치를 실천하기 위해, '이번 달 안에 연락이 끊어진 친구 두 명에게 연락해 약속을 잡겠다'라는 구체적인 목표를 세우는 것이지요. 또 '영

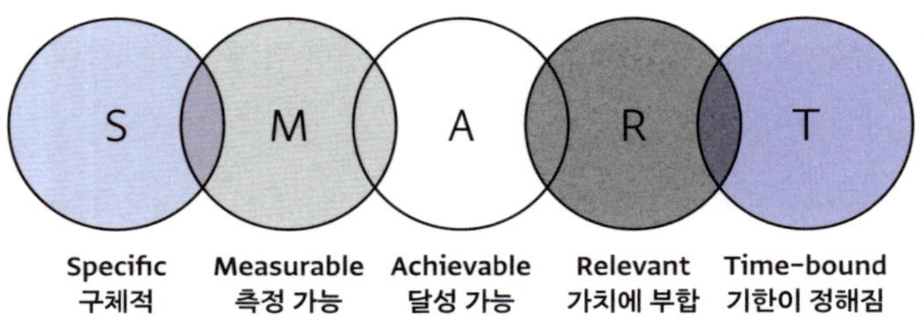

어 공부는 해야 하는데 무기력해서 못 하겠어'라는 마음이 들면, 영어 단어 책을 사는 것부터 시작해 출퇴근길에 단어 5개만 외우는 식으로 단순하고 작은 목표로 쪼개는 것이 도움이 됩니다.

사례

50대 B는 큰 채무를 안고 늘 불안 속에 살았습니다. 항상 '왜 이렇게 됐을까'라는 후회와 원망에 사로잡혀 과거에만 머물러 있었지요. 그러던 그가 '가족을 위해 책임감 있게 살겠다'라는 가치를 붙잡고, 빚을 조금씩 갚기 위한 계획을 세우고 노력을 꾸준히 이어가기 시작했습니다. 작은 목표를 세우고 꾸준하게 실천한 순간부터 그는 과거가 아닌 현재를 살며 가족과 함께 소소한 행복을 느낄 수 있었습니다.

B 씨는 여전히 경제적으로 어렵고, 때론 지치며 얼마나 더 갚아야 할지 막막해 답답한 순간도 있었습니다. 그러나 그는 그 모든 불안과 무게를 기꺼이, 그리고 담담하게 감내하며 하루하루를 살아갔습니다. 그렇게 과거의 후회와 원망은 옅어지고 현재에 좀 더 충실할 수 있게 된 것이지요.

이처럼 전념 행동은 회피하지 않고, 현실에 뿌리내리는 삶의 태도입니다. '왜 살아야 할까?'라는 질문의 답은 말이 아니라 행동 속에서 드러납니다. 우리 모두에게 삶의 이유가 정해져 있는 것은 아닙니다. 다만 기꺼이 현실을 살아내고 지금 할 수 있는 행동을 하다 보면 조금씩 삶의 의미가 드러납니다. 그렇기에 '왜 살아야 할까?'라는 질문보다 '무엇을 위해 살아야 할까?'를 먼저 고민해야 합니다.

가치는 우리가 추구하는 방향이고 행동은 그것을 실현하는 방법입니다. 이제 스스로 질문해 봅시다. 여러분은 무엇을 위해 살아가고 있나요? 그리고 그것을 위해 지금 당장 여러분이 할 수 있는 한 가지는 무엇인가요?

우리는 인생이라는 드넓은 바다를 여행합니다. 이때 방향을 알려주는 나침반이 없다면 파도와 바람에 떠밀려 어디로 가는지도 모른 채 헤매기 쉽습니다. 때로는 거센 비바람이 몰아치면 잠시 경로를 수정하는 것이 현명할 수 있습니다. 그러나 두려움에 폭풍을 피하기만 해서는 원하는 목적지에 다다를 수 없습니다. 때론 피할 수 없는 역경과 고난이 있습니다. 이때는 목적지를 향해 거센 파도를 뚫고 용기 있게 앞으로 나아가야 합니다.

만약 지금 가는 길이 원하는 방향과 다르다면 과감히 키를 돌려야 합니다. 어디로 향하는지조차 알지 못한다면 지도와 나침반부터 펼쳐야 합니다. 예민한 사람에게 가치란 바로 그 지도와 나침반입니다. 흔들리는 마음속에서도 방향을 잃지 않게 해주고 삶을 이어가게 하는 단단한 길잡이가 되어줍니다.

예민한 사람들은 다양한 자극에 불편함을 느끼지만, 가장 많이 힘들어하는 상황은 대인 관계에서 나타납니다. 작은 말투나 표정, 문자메시지 답장 속도까지 걱정하며 '저 말과 표정과 행동의 의도는 뭘까?'를 밤새 해석하곤 합니다. 타인의 감정과 생각에 지나치게 민감하고 끊임없이 이를 살피다 보니 쉽게 지칩니다. 그래서 많은 예민한 사람이 이런 바람을 갖고 있습니다. "오해하지 않도록 인간관계에 명확한 기준이 있으면 좋겠어요."

안타깝게도 인간관계에 명확한 기준 같은 것은 없습니다. 만약 정말 정해진 규칙이 있다면 대인 관계로 힘들어하는 사람이 아무도 없겠지요. 그렇다고 절망하진 마세요. 관계로 힘들어하는 사람에게 도움이 되는 원칙은 분명히 있으니까요.

판단이 끼어드는 순간, 오해는 발생한다

가장 중요한 원칙은 바로 상대의 의도를 읽으려 하지 않는 것입니다. 사실 우리는 자신의 마음조차도 온전히 알기 어렵습니다. 가만히 생각해 보세요. 여러분이 어떤 행동을 할 때 그 의도와 이유를 늘 명확히 알고 있나요? 무엇을 하든 좋으면서도 싫고, 즐거우면서도 불편하고, 하고 싶으면서도 주저하는 마음이 들 때가 있습니다.

하물며 타인의 마음을 정확히 아는 건 불가능에 가깝습니다. 단톡방에서 누군가 갑자기 나갔을 때 예민한 사람은 '내가 뭘 잘못했나?'라는 생각에 휩싸입니다. 심지어 그 생각이 사실이라 믿기도 합니다. 하지만 진실은요? '알 수 없다'입니다. 사실 대부분은 단순한 실수이거나 휴대전화를 새로 바꿔서일 겁니다. 이처럼 우리가 '확실하다'고 느끼는 것의 상당수는 사실fact이 아니라 느낌feeling입니다.

20대 여성 C는 친구가 교회를 같이 가자고 했는데, 이를 거절하는 것이 너무 어려웠습니다. 가지 않겠다고 말하면 친구가 '신을 믿는 일은 살아가면서 꼭 필요한 일'이라고 말하며 화를 낼 것 같다는 두려움 때문이었죠. 그녀에게 친구가 화낼거라는 생각이 얼마나 진실일지 물어보았을 때 C는 '거의 확실하다'라고 말했습니다. 동시에 그녀는 친구의 제안에 화가 났습니다. 마치 자신의 신념을 강요받는 것처럼 느껴졌기 때문입니다.

이처럼 예민한 사람들은 상대방의 말이나 행동에 숨어 있는 의도를 지나치게 의식하면서 큰 스트레스를 받습니다. 이때 우리는 나와 남은 서로 다른 생각을 할 수 있다는 점을 인정해야 합니다. 예민한 사람은 종종 '자기중심적 사고'에 빠집니다. 이는 내가 생각하거나 느끼는 방식으로, 다른 사람도 생각하고 느낄 거라고 믿는 인지적 오류를 말합니다. 쉽게 말해, '세상 사람이 다 나와 같이 생각할 거야'라는 착각이라고 할 수 있습니다. 다른 사람은 같은 상황에서도 나와 다르게 느끼고 생각할 수 있습니다. 내가 중요하다고 여기는 주제가 상대에겐 그다지 중요하지 않을 수도 있습니다. 따라서 나와 타인을 분리해서 바라볼 필요가 있습니다.

사실 우리가 화가 나는 건 그 주제가 '나'에게 중요해서이지, 상대가 날 무시해서가 아닐 가능성이 큽니다. 취업 준비생이 "공부는 잘돼 가니?"라는 말을 들었을 때 화가 나는 건 자신에게 공부와 취업이 중요하기 때문입니다. 상대방은 그저 궁금해서, 혹은 오랜만에 만나 특별히 할 말이 없어서 그렇게 말했을 수 있습니다.

앞 사례에서 C가 친구의 제안에 화가 난 이유는 그 제안 자체 때문이라기보다, 원래 거절을 어려워하는 자신의 성향 때문일 수 있습니다. 친구에게는 강요할 의도가 전혀 없었을 수도 있습니다. 만약 타인과 나를 완전히 분리한다면 상대방의 말은 아무런 영향을 주지 못합니다. 그 누구도 '외계인이 지구를 침공했다'라는 말을 들어도 흔들리지 않습니다. 그 말이 전혀 믿어지지 않아서 타인과 내 생각을 완전히 구분할 수 있기 때문이지요.

따라서 우리는 사실만 받아들여야 합니다. '저 사람이 저런 말을 했다'라는 사실과 '이런 의도였음이 틀림없다'라는 해석을 구분해야 합니다. 앞서 기술과 판단을 구분하라는 것과 같은 맥락입니다.

'친구가 큰 목소리로 말했다'는 기술이지만 '나를 무시했다'는 판단입니다. '상대가 인사를 짧게 했다'는 사실이지만 '상대가 나 때문에 기분이 나빴던 게 분명해'는 해석이지요. 판단에 해석이 끼어드는 순간 감정은 요동치고 오해는 부풀어 오릅니다.

그래서 대화 중 마음이 흔들릴 때는 스스로 이렇게 말해보세요. '지금 이 상황에서 사실은 무엇이지? 그리고 내가 덧붙인 해석은 무엇일까?' 이처럼 짧은 질문을 던지며 여러분의 해석이 열어질수록, 마음은 한결 가벼워지고 관계도 조금 더 편안해질 겁니다.

남을 위하다
정작 자신을 잃어버리는 사람들

한편, 지나친 배려가 관계를 더 복잡하게 만들 때가 있습니다. '상대가 싫어하거나 힘들어할까 봐' 늘 더 주고 더 해주며, 빚지는 것을 견디지 못해 모든 부담을 떠안는 경우가 있습니다. 이런 모습은 특히 가족이나 연인, 친한 친구 사이에서 흔히 나타납니다. 때론 상대방이 이를 이용해 여러분을 착취하거나 가스라이팅으로 지배하려 들기도 합니다. 그러면서 한쪽의 과도한 희생을 사랑의 표현이라 포장하며 정당화하곤 합니다.

물론 배려 그 자체는 아름다운 행위입니다. 내가 베풀며 스스로 만족하고 뿌듯할 수 있다면, 상대방의 감사하는 모습에서 힘을 얻는다면 이는 건강하고 소중한 배려입니다. 다만 배려'만' 하느라 정작 '자기 삶', 즉 가치를 추구하는 삶을 살지 못한다면 문제가 됩니다.

이때는 과감히 덜 배려하는 용기가 필요합니다. 우선 '지금, 이 상황에서 누가 가장 불편한가?'를 스스로에게 물어보아야 합니다. 그 불편이 상대방의 몫이라면 경우에 따라서는 모든 문제를 대신 해결해 주지 않는 것이 오히려 사랑일 수 있습니다. 예를 들어, 부모나 연인이 여러분에게 무리한 요구를 끊임없이 한다면, 용기를 내어 거절할 수 있어야 합니다. 배려는 나 혼자만 하는 것이 아니라 서로 해야 하는 것입니다. 진정한 배려는 타인과 더불어 나 자신도 존중하는 데서 시작됩니다. 타인을 위한 삶 속에서 정작 자신을 잃어버려서는 안 됩니다.

어떤 사람은 칭찬을 있는 그대로 받아들이지 못합니다. '정말 칭찬을 한 게 맞을까?', '다른 의도가 있는 건 아닐까?', '그냥 하는 말이 아닐까?' 이때도 상대방의 의중을 너무 깊게 파악하려 해서 그렇습니다. 여러분이 "정말요? 제가요?"라며 반문하거나 '진심이 아닐 거야'라고 의심하는 건, 사실 내 안의 자기 비난이 밖으로 투사된 결과일 때가 많습니다. 스스로 '칭찬받을 점이 없다'라고 느꼈기에 상대방도 나를 칭찬할 이유가 없다고 생각한 것이지요. 이럴 때는 상대의 말에, 문자 그대로에 반응해 보세요. "칭찬해 주셔서 감사합니다." 그 한마디면 충분합니다.

관계에서 소외감을 자주 느끼는 분들도 있습니다. "겉으로만 친한 척하는 것 같아요", "고등학교 때까진 매일 보니 친했는데, 그 이후엔 친구가 사라진 느낌이에요." 이때 중요한 점도 역시 상대의 '진짜 속마음'을 단정하지 않는 것입니다. 누군가의 표정과 말투는 대부분 그날의 컨디션이나 기분에 좌우됩니다. 꼭 내가 실수했거나 나를 싫어해서가 아닐 수 있습니다.

또 '그 사람은 겉으로만 친한 척한다'라고 단정하기 전에 여러분이 그 관계를 얼마나 친밀하게 느끼는지를 먼저 살펴보세요. 만약 나에게 그 사람이 소중하고 의미 있는 사람이라면 먼저 다가가 보세요. 가치에 따른 행동을 해보는 겁니다. "다음에 한번 커피 한잔해요." 그 짧은 한마디가 소중한 인연의 시작일 수 있습니다.

예민한 사람이 관계에서 지켜야 할 핵심은 이렇습니다. 상대방의 의도를 파악하려 하기보다 있는 그대로의 사실에 집중하고 '세상 사람들이 모두 나처럼 생각하고 느끼지 않는다'는 걸 기억하며 나와의 경계를 세우는 것입니다.

이 원칙들을 지켜나간다면 사람들과 함께 지내는 것이 덜 무섭고 그들과 보내는 시간은 더 따뜻해집니다. 무엇보다 나에게 가치 있는 관계를 잃지 않고, 더 나아가 새로운 소중한 관계를 맺을 수 있습니다. 내 생각과 감정에서 한발 물러설 수 있을 때, 불안에 가려 보이지 않던 소중한 관계의 따뜻함과 감사함을 비로소 느낄 수 있을 겁니다.

과거의
경험에
휘둘리지
않는다

예민한 사람들이 관계에서 힘들어하는 또 다른 이유는, 자신이 바꿀 수 없는 것까지 바꾸려 애쓰는 데 있습니다. 많은 예민한 사람이 '내가 이렇게 말했을 때 상대방이 어떻게 반응할까?'를 걱정합니다. 때론 '내가 말해도 상대방이 들어주지 않을 거야'라는 생각에 정당한 의견을 전달할 기회조차 포기합니다. D도 마찬가지였습니다.

사례

D는 자신을 인격적으로 무시하는 상사 때문에 큰 스트레스를 받았습니다. 상사의 표정과 말 한마디에 감정이 요동쳤고 더 이상

참기 힘들어 퇴사까지 고민했지요. 이런 그가 상담에서 가장 많이 쓴 표현은 '좌절감을 느낀다'는 것이었습니다.

D의 좌절감은 '내가 말해도 어차피 아무 소용이 없을 거야'라는 생각에서 비롯됩니다. 아무리 말해도 변하는 게 없으니 좌절할 수밖에 없습니다. 해도 안 된다는 느낌을 지속해서 받을 때, 실제 상황에서 극복할 힘이 있음에도 더 이상 시도하지 않고 포기하는 현상을 '학습된 무기력'이라고 부릅니다.

전기 충격이 가해지는 상자 안에 갇힌 개가 처음에는 탈출을 시도했지만, 나중에는 탈출할 수 있는 상황에서도 전기 충격을 무기력하게 받아들였다고 합니다. 이처럼 학습된 무기력은 인간뿐만 아니라 동물에게서도 광범위하게 관찰되는 반응입니다.

지금 내가 할 수 있는 일 찾아보기

좌절감에서 벗어나려면 내가 통제할 수 있고, 선택할 수 있는 것에 초점을 맞춰야 합니다. 상대방이 내 말에 어떻게 느끼고 반응할지는 우리가 통제할 수 있는 부분이 아닙니다. 선택할 수 있는 것은 우리가 무엇을 말할지, 그 말을 어떤 태도와 목소리로 전할 지 뿐입니다.

따라서 상사의 반응을 예측하고 두려워하기보다는 내가 무엇을 준비하고, 의견을 어떻게 전달할지, 만약 원하는 결과가 나오지 않는다면 어떤 대안을 마련할지를 고민해야 합니다. 여러분이 통제할 수 없는 것만을 고민하면 불안해지고 용기를 잃을 뿐, 현실에 아무런 변화를 주지 못합니다.

그렇다면 나를 무시하는 상사에게 우리는 무엇을 할 수 있을까요? 우선 공식적인 문서나 기록이 남는 이메일로 어떤 부분이 부당하다고 느끼는지를 차분하게 적어볼 수 있습니다. 다시 강조하지만, 그 사람이 어떻게 느끼고 반응할지는 우리가 결정할 수 있는 영역이 아닙니다. 따라서 상대방의 반응에 예민한 사람이라면 이런 부분을 의도적으로 조금은 내려놓을 필요가 있습니다.

그 대신 내가 쓴 글이 너무 공격적으로 보이지는 않는지, 원하는 바를 잘 전달했는지에 초점을 맞춰야 합니다. 또 대화가 격해지면 잠시 멈추기, 필요하다면 대화를 녹음하기도 여러분이 선택할 수 있는 것들입니다.

앞 장에서 본 20대 C는 어떤 선택을 할 수 있을까요? 그녀는 친구에게 교회를 가지 않겠다고 하면 친구가 크게 화를 낼 거라며 두려워했습니다. 하지만 사실 그것은 말하기 전까지는 알 수 없습니다. 또 만약 친구가 '전도를 해야 한다'라는 신념을 가지고 있다면, 이는 바꿀 수 없습니다.

C가 염두에 둬야 할 점 역시 친구에게 자신의 의견을 어떻게 전달할지이지, 친구가 어떻게 반응할지가 아닙니다. 몇 회기의 상담 후 C는 "교회 가는 것이 나에겐 좀 부담스러워. 내 선택을 존중해주면 좋겠어"라고 말했다고 합니다.

C가 이 말을 했을 때 친구의 반응은 어땠을까요? "놀랍게도 막상 제가 그렇게 말하니까 별 반응이 없었어요"라고 말하더군요. 이처럼 우리는 걱정했던 것보다 상대방의 반응이 훨씬 부드러워 놀랄 때가 있습니다. 물론 예상대로 내가 원하는 반응이 아닐 수도 있지요. 설령 친구의 반응이 달랐더라도 그건 어쩔 수 없는 일입니다. 결과가 좋지 않다고 해서 실패한 것은 아닙니다. 중요한 건 여러분이 자신의 의견을 용기 내어 전달했다는 사실 그 자체입니다. 자기 목소리를 낸 순간 이미 성공이고, 변화는 시작된 것이지요.

자기 말에 상대방이 어떻게 반응할지를 고민하는 사람에게 꼭 전하고 싶은 말이 있습니다. 남의 기분을 상하게 만들까 봐 걱정하는 사람 대부분은 이미 충분히 공손한 사람일 가능성이 큽니다. 상대의 기분을 신경 쓰지 않고 말하는 사람들이야말로 배려가 부족한 경우가 많습니다. 만약 여러분이 쓴 메일이나 전한 말이 혹시라도 너무 강하지 않을까 불안하다면, 다른 사람이 보기엔 여전히 정중하고 배려 깊은 표현일 테니 너무 걱정하지 말길 바랍니다.

과거의 트라우마에서
벗어나는 법

관계 속에서 생긴 아픈 기억에 힘들어하는 사람에게도 '통제할 수 있는 부분에 집중한다'라는 원칙은 큰 도움이 됩니다. 과거의 트라우마로 어쩔 수 없이 무기력하게 살아간다고 말하는 사람을 종종 봅니다. 그들은 그 기억을 지워버릴 수 있으면 좋겠다고 말합니다. 과거의 그 사건만 없었다면 자신이 달랐을 거라고, 지금처럼 살지 않을 거라고도 말합니다.

나를 학대한 부모, 학교에서의 왕따 경험, 믿었던 친구의 배신은 인생을 송두리째 흔들 만큼 큰 충격을 줍니다. 그리고 그 충격과 고통에서 벗어나기란 정말 어려운 일입니다.

하지만 안타깝게도 과거의 사건 역시 우리가 바꿀 수 없는 영역입니다. 그 기억을 지우거나 일어난 일을 없던 일로 만들 수는 없습니다. 문제는 우리에게 현실을 살아낼 힘이 있음에도, 이미 내 안에 트라우마를 이겨낼 자원이 있음에도, 현재에 감사하고 충만한 경험을 할 수 있음에도 여전히 과거에만 머물러 그 능력을 발휘하지 못하고 기회를 놓친다는 점입니다. 이미 일어나 버려 어쩔 수 없는 것에 매달릴수록 고통과 좌절은 더 커집니다.

우리가 할 수 있는 선택은 여전히 남아 있습니다. 우선 자신을 돌보는 활동들이 있습니다. 수면을 충분히 취하기, 가볍게 운동하기, 맛있는 음식 먹기, 차분한 공간에서 쉬기, 좋아하는 책 읽기, 반려동물과 산책하기, 믿을 만한 사람과 대화하기, 잠시 햇볕 쬐기, 감사한 일 적기 등이 그 예입니다. 더 나아가 필요하다면 자신을 드러내어 도움을 받고, 상처는 여전히 남아 있더라도 자신이 추구하는 가치를 찾으며, 의미 있는 무엇인가를 시도해 볼 수 있습니다.

중요한 것은 과거가 아닌 지금의 삶에 집중하는 것입니다. 과거에 초점을 두지 말라는 말은 과거를 잊고 지내라는 뜻이 아닙니다. 내게 상처 준 사람을 꼭 용서해야 한다는 것도 아닙니다. 다만 여러분이 가진 내면의 힘을, 지금 이 순간을 있는 그대로 보면 좋겠습니다. 부정적인 과거에 사로잡혀 지금 곁에 있는 소중한 인연과 삶의 아름다움을 놓치지 않기를 바랍니다. 인생에서 고난과 상처를 피할 수는 없을지라도 오늘을 살고 묵묵히 앞으로 걸어 나가는 건 우리가 선택할 수 있습니다.

과거의 트라우마가 현재의 삶에 큰 영향을 주는 이유 중 하나는 과거의 힘은 과대평가하고 정작 자신의 힘은 과소평가하기 때문입니다. 우리는 흔히 과거와 현재를 '그래서(so)'로 연결합니다. '그 사건이 있었으니까 (그래서) 지금 내가 이렇게 된 거야'처럼요.

이 말 속에는 현재로선 어찌할 방법이 없다는 좌절과 체념이 숨어 있습니다. 하지만 과거의 사건과 현재의 모습은 어느 정도 독립적입니다. 물론 과거가 현재에 아무 영향을 주지 않는다는 뜻은 아닙니다. 다만 몇 개의 사건으로 내 삶의 모든 것을 설명하거나 결정할 수는 없습니다. 또 심리적으로 큰 상처를 겪었더라도 그 상처에서 회복하고 그걸 발판 삼아 성장하는 힘이 우리 모두에게 있습니다.

과거의 트라우마에서 벗어나기 힘든 분들에게 한 가지 드움이 되는 팁이 있습니다. 의도적으로 '그래서' 대신 '그리고(and)'로 말해 보는 연습입니다. 예를 들어, '과거에 그런 일이 있었어. 그래서 난 지금 이런 걸 느끼고 경험하고 있어' 대신 '과거에 그런 일이 있었어. 그리고 지금 난 이런 걸 느끼고 경험하고 있어'로 바꿀 수 있습니다.

'그래서'로 연결하면 우리가 할 수 있는 선택이 사라집니다. 이미 일어난 일이니 지금은 아무것도 할 수 없다는 절망감만이 남습니다. 하지만 '그리고'라고 말하면 변화의 가능성이 생깁니다. 현재가 과거에 종속된다는 느낌이 줄고 과거에 일어난 일은 단지 지나간 일이 되어버립니다. 과거가 현재에 미치는 영향이 옅어지게 되어 과거에서 조금씩 벗어나 현재의 삶을 살게 합니다.

아주 큰 트라우마를 겪었지만, 자신의 삶을 묵묵히 살아가는 사람들이 있습니다. 이들에게는 과거에 발생했던 사건을 '이미 지나간 일'로 받아들인다는 공통점이 있습니다. 여기서 '받아들임(수용)'은 체념과 다릅니다. 체념이 '이제는 아무것도 바꿀 수 없다'라는 포기라면, 받아들임은 '이미 일어난 일은 어쩔 수 없지만 지금 내가 할 수 있는 것은 여전히 있다'라는 태도입니다.

받아들인다고 해서 아픔의 기억이 사라지지는 않습니다. 하지만 과거의 기억이 현재의 방해물이 되는 것을 허락하지 않습니다. 이들은 '지금 내가 무엇을 할 수 있는지'에 초점을 맞춥니다. 현재의 주인이 과거가 아닌 내가 됨으로써 주도적인 삶을 살아갑니다.

그럼에도 이렇게 말하는 분들이 있습니다. "나를 힘들게 하는 상사나 과거의 상처가 사라져야 지금의 내가 정말로 편해질 수 있지 않나요?" 그렇게 생각하는 건 자연스러운 일입니다. 그리고 나를 괴롭히는 요인이 사라지면 마음이 가벼워지는 것도 맞습니다. 하지만 꼭 원인을 다 알거나 문제를 다 없애야만 변화가 시작되는 것이 아닙니다. 비유 하나를 들어보겠습니다.

바닷속에 침몰한 배가 있습니다. 이때 가장 중요한 것은 뭘까요? 배가 왜 가라앉았는지 원인을 찾는 걸까요? 아닙니다. 우선 배부터 끄집어내야 합니다. 그런데 배를 끄집어내는 데 원인을 꼭 알아야 할까요? 그것도 아닙니다. 침몰한 원인을 아는 것과 배를 건져 올리는 것은 전혀 다른 과정입니다.

수많은 스트레스와 과거의 기억으로 힘들어하는 사람에게도 마찬가지입니다. 우리는 나를 불편하게 만드는 원인을 알고 없애야만 현재의 고통에서 벗어날 수 있다고 생각합니다. 하지만 원인을 몰라도 덜 아플 수 있고, 문제가 풀리지 않아도 더 편안할 수 있습니다. 중요한 건 원인에 매달리는 게 아니라, 지금 내가 할 수 있는 작은 선택 하나를 시작하는 것입니다. 바로 그 작은 선택이 변화를 이끄는 첫걸음이 됩니다.

결국 관계 속에서 중요한 건 내가 할 수 있는 부분에 집중하는 것입니다. 통제할 수 없는 상대의 반응에 지나치게 신경 쓰면 나를 위한 올바른 선택을 하지 못하게 됩니다. 과거의 상처도 되돌릴 수 없습니다. 지나간 일은 지나간 대로, 지금은 삶을 있는 그대로 받아들여야 합니다.

잘못 출제된 문제는 아무리 노력해도 풀리지 않습니다. 이때 우리가 할 수 있는 최선은 푸는 것을 멈추는 일입니다. 타인의 반응을 완벽히 예측하고 과거의 기억을 없애려 하는 것은 잘못 출제된 문제를 붙잡고 있는 것과 같습니다. 이제는 이를 멈출 용기와 결단이 우리에게 필요합니다.

과잉 자극에
지친 신경을
쉬게 하라

예민한 사람의 신경 체계는 쉽게 과부하가 걸립니다. 작은 소리, 약한 불빛, 심지어 사소한 이미지 하나에도 온몸의 신경이 민감하게 반응하는 느낌을 받습니다. 남들은 그냥 지나치는 장면이 계속 떠올라 잠들기 어렵고, 한번 거슬리기 시작한 소리가 하루 종일 귓속을 맴돕니다. 다른 사람들은 쓰지 않아도 될 에너지를 소모하다 보니 늘 피곤하고 지치기 쉽습니다.

그래서 예민한 사람에게 가장 중요한 원칙은 불필요한 자극을 줄이고 안정감을 찾는 것입니다. 즉, 재충전할 시간과 공간을 의도적으로 만들어 소진된 에너지를 회복하는 것이 꼭 필요합니다.

이를 위해서는 먼저 내가 어떤 상황에서 예민해지는지를 파악해야 합니다. 예를 들어, 어떤 사람은 조명이 밝은 카페에서는 1시간도 앉아 있기 힘들어합니다. 또 어떤 사람은 향이 강한 방향제나 향수 냄새에 금세 두통이 옵니다. 많은 사람이 모여 있는 공간에서 쉽게 지친다고 느끼는 사람도 있습니다.

하지만 이들도 도서관처럼 아늑한 조명이 있는 공간에서는 오랫동안 집중할 수 있고, 은은한 차향이나 풀 내음을 맡을 때는 마음이 차분해지며, 조용한 산책로를 걸을 때는 오랫동안 걸어도 지치지 않고 오히려 힘이 나기도 합니다. 이처럼 자신에게 불필요한 자극이 무엇인지, 또 어떤 환경이 안정감을 주는지 미리 알고 있어야 예민해지는 상황을 마주했을 때 대처가 훨씬 쉬워집니다.

일상 속 불필요한
자극을 줄이는 방법

일상생활에서 도움이 되는 몇 가지 팁이 있습니다. 우선 예민한 사람에겐 규칙적인 생활 리듬이 중요합니다. 낯선 환경과 불확실성은 늘 긴장을 불러오기 때문에 일과 속에서 정해진 루틴을 만들면 마음이 한결 편해집니다. 가장 기본은 일어나고, 밥 먹고, 활동하고, 자는 시간을 일정하게 맞추는 것입니다. 아침에 일어나 가볍게 스트레칭을 하거나 점심 이후 잠시 햇볕을 쬐며 산책하는 것도 좋습니다. 잠자기 전 따뜻한 차를 마시며 하루를 정리하는 짧은 일기를 쓰는 습관은 생활에 안정감을 줍니다.

피해야 할 것도 있습니다. 카페인이나 술은 예민한 신경을 더 자극하기 때문에 가능하다면 줄이거나 피하는 것이 좋습니다. 카페인은 교감신경계를 활성화해 긴장감을 높이고 두근거림이나 과호흡 같은 신체 반응을 일으킬 수 있습니다. 중요한 발표나 면접처럼 긴장되는 상황을 앞두고는 커피보다는 마음을 차분하게 만드는 차 한잔이나 속이 편한 음식을 챙기는 것이 좋습니다.

늦은 밤에 스마트폰을 보는 것도 가능한 한 피하는 것이 좋습니다. 끝없이 이어지는 글과 사진, 영상이 머릿속을 가득 채워 각성 상태를 만들기 때문입니다. 그렇게 되면 잠자리에 누워도 쉽게 잠들지 못하고 수면의 질도 떨어집니다. 불필요한 정보 자극에서 벗어나려면 잠들기 전 휴대전화를 멀리 두고, 수면 모드를 켜거나 아예 전원을 꺼두는 편이 낫습니다. 대신 잠시 눈을 감고 호흡에 집중하며 내 몸의 감각에 초점을 맞춰보세요. 외부 자극의 홍수에서 잠시 벗어날 수 있습니다.

특히 감각에 민감한 사람에게는 자극이 적은 환경을 만드는 것이 중요합니다. 소리에 예민하다면 조용한 도서관이나 개인 공간에서 일하는 것이 좋습니다. 귀마개나 노이즈 캔슬링 이어폰을 사용해 불필요한 소음을 차단할 수도 있겠지요. 빛에 민감하다면 형광등 같은 강하고 차가운 조명보다는 따뜻하고 부드러운 색의 간접 조명을 사용해 보세요. 아늑한 노란빛 조명 아래에서 책을 읽을 때 집중이 잘 되고 마음이 안정되는 사람도 있습니다.

예민한 감각을 활용해 안정감을 찾을 수도 있습니다. 미적 감각에 섬세한 사람이라면 아름다운 풍경이나 예술 작품을 감상하면서 마음을 재충전할 수 있습니다. 좋아하는 음악을 들으며 차분히 앉아 있기, 향기로운 차를 마시며 그 향을 음미하기 역시 긴장된 몸과 마음을 한결 차분하게 합니다.

민감한 몸의 감각을 활용하는 것도 좋은 방법입니다. 어떤 이는 사우나를 하는 동안 근육이 이완되는 느낌에서 하루의 피로가 사라진다고 말합니다. 또 어떤 이는 공원이나 숲길을 걸으며 발끝에 느껴지는 감각에 집중할 때, 피부에 스치는 바람의 느낌과 나뭇잎이 흔들리는 소리를 의식할 때 차분함을 되찾습니다.

생각이 많아 머리가 복잡할 때는 우선순위를 정하는 연습이 필요합니다. '지금 당장 해결해야 하는 일인가?', '정말 일어날 가능성이 높은 일인가?', '피할 수는 없는 일인가?'를 차례로 따져보면 쓸데없는 걱정은 자연스럽게 걸러집니다. 나중에 닥쳐도 늦지 않을 걱정이라면 과감히 미뤄둡니다. 대신 내 호흡이나 심장박동처럼 몸속 감각에 주의를 두어보세요. 주변에 보이는 색상다섯 가지, 지금 들리는 소리 다섯 가지를 하나씩 떠올려 봐도좋습니다. 이런 단순한 훈련으로도 생각의 소용돌이에서 빠져나올 틈이 생깁니다.

비슷한 이유로 저는 생각이 많은 분에게 명상을 권유하기도합니다. 그럼 어떤 이는 다음 상담에서 "머릿속을 비워보려고 명상했는데 자꾸 잡생각이 떠올라서 포기했어요"라고 말합니다.

사실 한 번에 잘 되는 사람은 거의 없습니다. 특히 생각이 많은 사람은 떠오른 생각에 또 다른 생각이 꼬리에 꼬리를 무는 경향이 있기 때문에 명상이 더 어렵게 느껴집니다. 명상은 잡생각을 아예 없애는 기술이 아닙니다. 명상하면서 생각이 떠오르는것은 지극히 자연스러운 현상입니다. 다만 명상 중 잡생각이 떠오를 때마다 '아, 생각이 떠올랐구나'라고 알아차리고 다시 호흡에 집중해 보세요. 그렇게 계속하다 보면 어느 순간 떠오르던 생각이 조금씩 줄어드는 경험을 하게 될 겁니다.

예민함을 가라앉히는
일상 속 실천법

감정에 예민해서 쉽게 압도당하는 사람이라면 잠시 멈추는 시간이 필요합니다. 감정에 휩쓸릴 때는 억지로 참고 견디는 것보다 평소보다 말을 줄이고 가능하다면 그 상황에서 잠깐 벗어나는 것이 훨씬 현명합니다.

미팅 중 화가 치밀어 오르거나 눈물이 날 것 같다면 잠깐 화장실에 다녀오세요. 깊게 숨을 쉬고 물 한 잔을 마시고 와도 좋습니다. 통화 도중 목소리가 떨린다면 전화를 끊고 숨을 고른 뒤 다시 연락해도 괜찮습니다. 그 짧은 시간이 감정을 환기해 주고 차분한 마음으로 돌아올 수 있게 합니다. 이는 상황 회피라기보다 나를 지키려는 회복 전략입니다.

내부 기준이 지나치게 높은 사람은 목표를 조정해서 불필요한 자책을 줄여야 합니다. 시험을 준비 중인 한 대학생은 도서관에서 공부한 후 '집에 가서도 2시간은 공부해야지'라는 목표를 세웠습니다. 이런 무리한 기준을 세우면 당연히 실패할 가능성이 커집니다. 집에서도 공부할 수 있다면 물론 좋겠지만, 문제는 실패한 날이 성공한 날보다 훨씬 많다는 점이었습니다. 실패가 반복될수록 더 열심히 해야 한다는 마음보다 해도 안 된다는 좌절감을 느끼게 됩니다.

이럴 때는 공부는 도서관에서만 한다는 쉬운 목표를 세우는 편이 낫습니다. 차라리 집에서는 아예 쉰다고 생각하는 거죠. 집에서 쉬다가 혹시라도 책을 펼쳤다면요? 원래는 쉬는 게 기본값인데 추가로 공부했으니 스스로 칭찬할 일입니다. 목표를 낮췄을 때 오히려 그 목표치를 넘는 경험을 하게 될 겁니다.

또 다른 예로 만약 아무것도 하지 않고 집에만 있는 자기 모습이 싫을 때는요? 아침에 일어나 편의점에 한번 다녀오는 것부터 시작하면 충분합니다. 이렇게 작은 행동이 모여 큰 변화를 이루어낼 수 있습니다.

한편 아주 사소한 것에도 규칙을 만들어 자신을 옥죄는 사람도 많습니다. 한 20대 여성은 스트레스를 받으면 젤리를 두세 봉지씩 먹곤 했습니다. 그리고는 "나는 충동 조절이 안 된다"며 자책했습니다. 이 습관을 고치고 싶은 마음에 '젤리는 1시간에 한 개씩만 먹는다'라는 자신만의 규칙을 세웠습니다. 하지만 막상 한 개를 먹고 나면 한 개 더 먹고 싶어지고, 그 욕구를 참느라 너무 괴로웠습니다. 결국 참지 못하고 한 개가 아닌 한 봉지를 순식간에 해치우는 순간, 또 자책에 빠지곤 했지요.

이때도 굳이 하루 종일 조금씩 나눠 먹겠다는 지키기 어려운 규칙을 만들어 자신을 힘들게 할 필요는 없습니다. 어차피 먹을 거라면 자책 없이 먹는 편이 훨씬 낫습니다. 대신 더 사러 가지 않겠다는 약속만 지키면 됩니다. 그것이 젤리를 한 개 먹고 참다가 자책하는 것보다 훨씬 쉽고 효과적인 방법입니다.

관계와 외부 평가에 민감한 사람에게도 불필요한 자극을 줄이는 것은 매우 중요합니다. 자꾸 관계에서 갈등이 반복된다면 상대와 거리를 두어야 합니다.

이는 특히 성인이 된 이후에도 부모와 함께 살고 있을 때 중요합니다. 부모와의 갈등이 계속되면 결국 서로 탓하게 되고 그 과정에서 지치고 상처받습니다. 이런 경우라면 독립을 선택하는 것이 나을 수 있습니다. 물론 독립에는 비용과 책임이 따르고 불편할 수 있지만, 불필요한 갈등을 피하고 자신의 평온을 지키는 데는 큰 도움이 됩니다. 또 적절한 거리를 유지할 때 오히려 부모와의 관계는 한결 부드러워질 수도 있습니다.

모든 모임이나 관계를 유지하려 억지로 애쓸 필요도 없습니다. 불필요한 모임이나 흔한 말로 '기가 빨리는' 회식은 과감히 줄여도 됩니다. 한 달에 참석할 모임 횟수를 스스로 정해두고 "오늘은 컨디션이 좋지 않아서 참석하지 못할 것 같아요"라고 정중히 말한다면, 나를 보살피면서도 관계를 무너뜨리지 않을 수 있습니다.

에너지가 소모되는 대규모 모임 대신 '내가 이렇게 말해도 저 사람은 나를 나쁘게 보지 않을 거야'라는 믿음을 주는 편안한 몇몇 사람과 시간을 보내는 것이 좋습니다. 눈치를 보지 않아도 되는, 있는 그대로의 나로 있어도 되는 관계에서 우리는 안정감과 편안함을 느낄 수 있습니다. '나를 온전히 나로 살 수 있게 하는 사람'과 평생을 함께할 수 있다면 그것은 분명 큰 축복입니다. 결국 중요한 것은 얼마나 많은 친구가 있느냐가 아니라, 온전한 나로 있을 수 있게 하는 소중한 사람이 내 곁에 있느냐 하는 것입니다.

압박에 민감한 사람이라면 충분한 수면, 규칙적인 식사와 휴식은 단순한 선택이 아니라 필수입니다. 기본 욕구가 충족되어야 압박감에도 견딜 수 있습니다.

사람들 앞에서 발표하거나 공동 과제를 할 때 지나치게 긴장한다면 할 수 있는 한 혼자 처리하는 방법을 찾아보는 것이 유리합니다. 예를 들어, 팀 회의에서 직접 발표를 맡는 대신 자료를 정리해 공유하거나 온라인으로 의견을 제출할 수 있습니다.

긴박한 업무 마감 시간에 큰 스트레스를 받는다면 일을 작은 단위로 쪼개 미리미리 준비하는 습관이 도움이 됩니다. 만약 일정이 이미 꽉 찬 상태에서 추가적인 업무를 받았다면 지금 상황을 솔직하게 알리며 기한을 조정하는 것도 필요합니다. 급한 일이 아니라면 며칠 뒤로 미뤄 달라고 요청하는 용기를 내야 합니다. 확실한 건 일을 미리 분산시켜 불필요한 압박감을 받지 않는 것이 스트레스를 줄이는 가장 효과적인 방법이라는 점입니다. 이처럼 압박감에서 오는 스트레스를 없앨 수는 없지만, 그 강도를 조절하는 것은 가능합니다.

만약 혼자 감당할 수 없을 정도로 일이 몰린다면 주변 사람에게 도움을 요청하는 법도 연습해야 합니다. 많은 직장인이 맡은 일을 혼자 완벽하게 해내려다 그 압박감에 금세 지칩니다. 특히 중간 관리직에 있는 사람들은 위로는 성과를 요구받고 아래로는 팀원들을 챙기는 과정에서 모든 역할을 혼자 감당하려 애쓰는 경우가 많습니다.

하지만 일을 잘 해내고 싶다는 마음만큼, 일하는 자신을 아끼고 보살피는 태도도 필요합니다. 상사와의 조율, 팀원과의 역할 분담, 외부 자원의 활용까지, 필요한 만큼 요청하세요. 잠시 속도를 늦춘다고 해서 리더십이 약해지는 것은 아닙니다. 일을 나누거나 도움을 받는다고 해서 결코 무능한 관리자가 되는 것도 아닙니다. 오히려 에너지를 회복해야 더 안정적으로 일을 이어갈 수 있습니다. 이런 태도는 일터뿐 아니라 삶 전반에 적용될 수 있습니다. 직장에서든, 인간관계에서든, 혼자 모든 것을 짊어지려는 태도는 결국 자기 자신을 지치게 만듭니다. 때로는 도움을 청하는 용기야말로 자신이 맡은 역할을 오래 이어갈 수 있게 하는 가장 현명한 방법입니다.

　마지막으로 모든 예민한 사람에게 안정감을 찾게 해주는 방법을 소개합니다. '알아차림'과 '몸에 주의 집중'이 바로 그것입니다. 예민한 우리는 냄새나 소음, 거슬리는 말투나 시선, 몸의 긴장과 떠오른 생각 하나에도 쉽게 마음이 불편해집니다. 이럴 때는 먼저 '내가 지금 불편하다고 느끼고 있구나' 하고 알아차리는 것이 중요합니다. 불편한 상태가 좋고 나쁘다, 옳고 그르다고 판단하지 않고 그냥 그 상황을 있는 그대로 받아들이는 태도가 중요합니다. 심호흡을 깊게 하면서 감정이 서서히 누그러지면 다시 원래 하던 일을 이어가면 됩니다.

　'몸에 주의 집중'하는 것도 안정감을 찾는 데 도움이 됩니다. 불안하거나 불편한 마음이 들 때, 호흡에 집중하면서 가슴의 오르내리는 움직임, 코끝에 스치는 공기의 흐름에 의식을 기울여 보세요. 혹은 손끝에서 느껴지는 촉감과 온도에 의식적으로 주의를 두어도 좋습니다. 이렇게 몸에 집중하다 보면 과거의 기억이나 타인의 행동, 불쾌한 감각과 생각에서 잠시 벗어날 수 있습니다. 요가나 가벼운 산책처럼 몸을 움직이며 '알아차림'과 '몸에 주의 집중'을 동시에 실천하는 것도 예민한 마음을 차분히 진정시키는 좋은 방법입니다.

　예민한 사람에게 가장 중요한 삶의 원칙은 한정된 에너지를 지켜내는 것입니다. 우리는 남들이 그냥 지나치는 자극에도 더 많은 에너지를 쓰기에 불필요한 에너지 소비를 최대한 줄여야 합니다.

물론 중요한 관계나 의미 있는 경험까지 줄이는 '과잉 회피'는 조심해야 합니다. 때로는 불편하더라도 소중한 만남은 이어가고, 삶에서 의미 있는 선택에 따르는 불확실성과 압박감은 기꺼이 받아들이고 도전해야 합니다. 다만 신경에 과부하가 걸리지 않도록 체력을 안배하고, 규칙적인 휴식을 취하며, 나에게 맞는 안정된 공간과 관계를 찾는 것, 이 모든 과정은 예민한 사람에게 필요한 자기 돌봄이자 생존 전략입니다.

더 많이
연결될수록
더 많이
불안해진다

미국 사회학자 셰리 터클은 SNS와 같은 디지털 미디어가 인간을 더 '연결'시킨 것처럼 보이지만, 사실은 우리를 더 '고독'하게 만들었다고 말합니다. 온라인에는 수많은 팔로워와 친구가 있지만, 정작 직접 만나 마음속 깊은 고민을 나누거나 함께 추억을 쌓는 관계는 드뭅니다. 혼자가 되는 것이 두렵고 남들에게 관심받지 못할까 불안해 더 열심히 SNS에 몰두할수록 역설적으로 고립감은 더 깊어집니다.

고립은 단순히 혼자 있는 것을 말하지 않습니다. SNS를 보다 보면 친구들의 여행 사진, 연애 소식, 취업 성공담이 끝없이 올라옵니다. 처음에는 '부럽다'로 그치지만, 곧 '나는 왜 저렇지 못하지?'라는 생각이 따라옵니다.

이런 비교는 불안으로 이어지고 불안은 나를 움츠러들게 합니다. 그러다 보니 사람들 사이에 있어도 오히려 외톨이처럼 느껴지고, 만남 자체를 피하게 되기도 합니다. 결국 고립은 단순히 물리적으로 사람들과 떨어져 있는 것이 아니라, 내 마음이 스스로 타인에게 벽을 세우는 상태이기도 합니다.

예민한 사람은 이런 것들로부터 영향을 더 크게 받습니다. 한 취업 준비생은 SNS에서 친구들의 화려한 일상과 연애 사진을 보며 '나만 너무 뒤처진 게 아닌가' 하는 걱정을 하곤 했습니다. SNS 속 친구들의 모습에 자신이 처한 상황을 비교하면서 현실이 더 초라하게 느껴졌습니다. 또 자신이 그들과 다르다는 생각에 왠지 모르게 외톨이가 된 것 같은 불안에 빠지기도 했지요. 때론 잘 시간이 부족할 만큼 바쁜데도 밤늦게까지 휴대전화를 손에서 놓지 못했습니다. '이 시간이 아니면 내 시간이 없어. 내일 또 지긋지긋한 하루가 시작될 텐데, 잠시라도 현실을 회피하고 싶어'라고 생각하면서요.

이처럼 SNS는 우리를 비교하게 만듭니다. 화려하고 완벽한 이미지가 가득한 공간에서 현실의 불안과 흔들림은 감춰져 있습니다. 그러다 보니 많은 예민한 사람은 '나는 왜 저 사람처럼 당당하지 못할까?', '왜 내 삶은 그들과 다를까?'라는 열등감과 소외감을 더 크게 느낍니다.

사회적 피드백, 비교와 거절에 예민한 사람에게 좋아요와 팔로워 수는 예민함을 자극하는 원인이 됩니다. 물론 SNS 자체가 해로운 것은 아닙니다. 하지만 사용 방식이나 주로 소비하는 콘텐츠, 그리고 개인의 특성에 따라 심리적인 부담으로 다가올 수 있다는 점은 분명합니다. 또 디지털 미디어는 단순히 콘텐츠를 전달하는 수단을 넘어 우리의 심리와 행동, 자신과 타인을 바라보는 관점을 바꿉니다. 따라서 비교와 거절에 예민한 사람일수록 SNS 사용을 조절하는 노력이 필요합니다.

SNS는 멀리, 내 마음은 가까이

그렇다면 우리는 구체적으로 어떻게 해야 할까요? 첫째, 득과 실을 따져서 SNS 사용량을 조절해야 합니다. 우리는 SNS를 통해 관계를 유지하고 정보를 공유받으며 최신 트렌드를 파악할 수 있습니다. 또 나와 비슷한 가치관이나 취미를 가진 사람이 모인 커뮤니티에서는 위안을 얻거나 소속감을 느낄 수 있습니다.

그러나 SNS를 보면서 불필요한 비교와 불안을 더 많이 느낀다면 차라리 사용을 줄이는 것이 이득입니다. 댓글과 팔로워 수에 큰 스트레스를 받는다면 덜 보는 것이 가장 쉬운 대처 방법입니다. '불필요한 자극은 줄인다'는 원칙과 비슷한 맥락으로 이해하면 됩니다. 특히 밤에 무의식적으로 스크롤을 내리며 잠을 설치는 사람이라면, 휴대전화를 곁에 두지 않는 것이 좋습니다.

둘째, SNS를 써야 한다면 올바르게 사용해야 합니다. 침실이나 집 안에 미디어 기기를 사용하지 않는 '디지털 디톡스' 공간을 정해보세요. 취침 1시간 전에는 기기 사용을 중단하고 스마트폰을 손에 쥔 채 잠드는 습관은 고치는 것이 좋습니다.

SNS는 가족이나 친구와의 관계를 돈독히 하는 방식으로 활용하고, 차별과 증오를 부추기거나 극단적인 감정을 불러일으키는 콘텐츠는 가능하면 멀리하세요. '좋아요'와 팔로워 수는 반복적인 행동을 유발하는 뇌의 보상 시스템을 자극해 SNS 사용을 과도하게 늘립니다. 따라서 이런 자극에 특히 예민한 사람이라면 해당 플랫폼의 사용 시간을 줄이는 것이 좋습니다.

셋째, SNS 대신 나를 위한 시간으로 하루를 채워보세요. 우리는 종종 친구의 일정이나 맛집, 여행지 같은 '나 이외의 것'은 잘 알면서 정작 '나 자신'은 잘 모르는 경우가 많습니다.

이럴 때는 스크린으로 타인의 삶을 들여다보는 대신 내 안을 들여다보는 시간을 가져야 합니다. '나 자신'을 보려면 SNS에 꾸며 올린 모습이 아니라 일상에서 내가 실제로 느끼고 경험하는 것들에 집중해야 합니다. 오늘의 감정과 생각을 짧게 기록하는 것부터 시작해 보세요. 그림이나 음악 같은 창조적인 활동으로 나를 표현하는 것도 좋습니다. 또 주기적으로 운동을 하고 바른 자세를 유지하는 습관은 몸과 마음의 회복을 동시에 돕습니다.

넷째, 실제로 사람을 만나 대화하는 시간을 가져보세요. 사회적 연결은 우울과 불안을 줄이고, 정신 건강을 지키는 데 큰 도움이 됩니다. 나아가 사망률이나 만성질환 위험을 낮추는 등 신체 건강에도 긍정적인 영향을 줍니다.

연결 방식에 따라 효과는 다를 수 있습니다. 문자나 SNS처럼 디지털 소통은 소식을 주고받기에는 편리하지만, 깊은 정서적 교류를 하기는 어렵습니다. 반면 직접 얼굴을 보며 대화할 때는 표정이나 목소리, 몸짓까지 함께 느낄 수 있어 훨씬 더 깊은 친밀감과 만족감을 줍니다. 코로나 시기에 사회적 격리가 길어질수록 많은 사람이 우울과 불안을 경험했다는 사실은 물리적 만남의 중요성을 잘 보여주는 사례라 할 수 있습니다. 한두 명이라도 안정감을 주는 사람과의 지속적인 만남을 이어가는 것은 큰 힘이 됩니다.

SNS는 예민한 사람에게 양날의 검입니다. 잘 활용하면 자신을 표현하고 비슷한 관심사를 가진 사람들과 교류하는 기회가 될 수 있습니다. 하지만 무분별하게 빠져들면, 불필요한 자극이 쌓여 쉽게 지치게 됩니다. '불필요한 자극은 줄인다'는 원칙을 기억하며 SNS 역시 득보다 실이 크다면 과감히 거리를 두는 것이 현명합니다.

디지털 세상에서 우리는 끊임없이 연결되어 있지만, 정작 진정한 대화는 점점 사라지고 있습니다. 예민한 사람에게 꼭 필요한 것은 끝없는 연결이 아닌 나 자신에게 집중할 수 있는 시간과 신뢰할 수 있는 관계, 그리고 직접 만나 함께하는 삶의 경험입니다.

예민함은 정신의학에서 말하는 질병이 아닙니다. 정도의 차이가 있을 뿐 누구나 어느 부분에서는 민감할 수 있습니다. 이는 사람마다 성격이나 키가 다양한 것과 비슷합니다. 다만 너무 예민해서 일상생활에 어려움이 생기거나 심리적 고통이 커진다면 전문가와의 상담이나 치료가 필요할 수 있습니다.

먼저 살펴봐야 할 것은 예민함이 일상생활에 미치는 정도입니다. 불편한 상황을 지나치게 회피하거나, 해야 할 일을 미루는 행동으로 학업이나 직장, 인간관계에 큰 영향을 준다면 전문가의 도움이 필요할 수 있습니다.

예를 들어, 꼭 필요한 회의나 모임에도 참석하기 어렵거나, 상사의 눈치를 보다 보고서를 끝내지 못하는 일이 반복되거나, 시험이나 발표가 다가오면 불안한 마음에 준비를 미뤄 손해를 보거나, 일의 효율이 늘지 않아 매일 업무가 쌓여만 가거나, 사람들의 시선이 신경 쓰여 남 앞에서는 좋아하는 활동을 하지 못하거나, 가족이나 연인의 말과 행동을 계속 확인해 관계에 문제가 생길 때는 주저하지 말고 전문가를 찾아야 합니다.

그다음에는 심리적 고통의 정도를 확인해야 합니다. 심리적 고통이 깊고 오래 지속될수록 도움을 받아야 합니다. 대인 관계에서 항상 불안하고 긴장될 때, 거절하지 못하는 자기 모습이 참기 힘들 정도로 싫을 때, 상사의 표정 변화에 하루 종일 마음이 쓰여 괴로울 때, 작은 소리나 빛에도 쉽게 짜증이 나고 잠을 이루지 못할 때, 작은 실수에도 자기 비난을 멈출 수 없을 때, 성취한 것보다 못한 것에만 집착하게 될 때, 계획에서 벗어나는 것이 너무나 두려워 아예 시도조차 하지 않을 때, 감정을 억누르기만 해서 너무나 답답할 때, 간혹 억누른 감정이 폭발해 조절되지 않을 때가 바로 도움이 필요한 경우입니다.

일상이 흔들릴 때
가장 먼저 확인해야 할 것

우울한 감정의 '지속 기간'과 '삶에 미치는 영향'이 일정 수준에 다다르면 도움을 받아야 합니다. 정신과 진단 기준을 정리한 《정신질환 진단 및 통계 편람》에 따르면 우울증은 우울감이 2주 이상 지속될 때로 정의합니다.

우울장애와 같이 '병적인' 우울감은 삶 전반에 부정적인 영향을 미치고, 때로는 죽음까지 생각하게 할 만큼 깊은 고통을 느끼게 합니다. 또 우울장애를 겪는 사람들은 우울한 감정이 끝나지 않을 것처럼 느껴지고, 긍정적인 일이 있어도 즐거움을 느끼기 힘들며, 아무리 노력해도 우울한 상태에서 빠져나올 수 없습니다. 만약 신체 증상이 나타나고 수면이나 식욕의 변화가 생기며, 무가치감이나 죄책감에서 벗어나기 어렵다면 전문적인 도움을 꼭 받아야 합니다.

참고로 많은 분이 우울한 감정과 슬픔을 혼동합니다. 슬픔은 누구나 느낄 수 있는 정상적인 감정 반응입니다. 특히 감정과 감각에 예민한 사람은 슬픈 영화나 예술 작품을 보고 쉽게 눈물을 흘릴 수 있습니다.

하지만 우울감은 슬픔과 다릅니다. 슬픈 영화를 보면 누구나 슬프다고 느끼지만 그렇다고 우울해지지는 않습니다. 우울증 상태에서는 슬픔을 더 쉽게 느끼지만, 그렇다고 슬픔이 곧 우울감은 아니지요. 따라서 내가 단순히 감수성이 풍부해 쉽게 슬퍼지는 것인지, 아니면 삶의 즐거움이 사라지고 깊은 우울감에 빠져 있는 것인지를 구분할 필요가 있습니다.

내 상태를 말하는 것을
두려워하지 말자

약물이나 상담 치료가 실제로 큰 도움이 될 수 있습니다. 약물 치료를 받은 어떤 분은 이렇게 말했습니다. "예전에는 감정이 롤러코스터를 타는 듯했는데, 이제는 덜 요동치고 덜 동요가 돼요." 또 다른 분은 "여전히 불안하기는 하지만 이제 도망치지는 않게 되었습니다"라고 하더군요.

이처럼 정신과 약물은 예민한 사람의 감정 폭을 줄여주며, 회피하는 대신 필요한 행동을 시작할 힘을 주기도 합니다. 여기에 상담 치료가 더해지면 감정을 다루고 행동을 바꾸는 방법을 함께 배울 수 있습니다.

최근에는 스마트폰이나 SNS를 지나치게 사용해 학업이나 업무, 대인 관계에 방해가 된다며 병원을 찾는 분들이 늘고 있습니다. 밤에 늦게까지 스마트폰을 보느라 수면 리듬이 깨지고, 장시간 사용으로 눈의 피로, 두통, 목과 어깨의 통증이 이어지기도 합니다. 사용을 줄이려 아무리 노력해도 조절하지 못하고, SNS를 보지 않으면 불안하고 초조해서 집중하기 어렵다면 이는 분명한 위험 신호입니다. 더 나아가 우울하거나 불안해지고, 자기비하, 강박적인 생각과 같은 심리적 어려움이 동반된다면 전문가에게 상담을 받아보세요.

예민함은 누구에게나 있는 성향입니다. 그러나 그로 인해 감정과 행동에 뚜렷한 변화가 생기고, 일상과 직장 생활이 어려워지며, 깊은 심리적 고통이 오래 이어진다면 가능한 한 빨리 전문적인 도움을 받길 바랍니다. 스스로 정말 상담이 필요한 정도인지 확신이 서지 않는다면 가까운 정신건강복지센터나 심리상담센터를 먼저 방문해도 좋습니다. 힘든 상태가 분명해질 때까지 기다릴 필요는 전혀 없습니다. 오히려 조금 일찍 전문가와 상담하는 편이 훨씬 안전하고 유익합니다.

4장
우리의 예민함은
사회에서도 자란다

앞서 예민함은 타고난 성향이라고 했습니다. 그렇지만 종종 "나는 그 사건 이후로 예민해졌어", "부모님이 날 예민하게 만들었어"와 같은 이야기를 듣습니다. 과연 태어난 이후의 경험과 환경이 예민함에 영향을 끼칠 수 있을까요? 만약 그렇다면 얼마나 영향을 줄 수 있을까요?

지금까지 알려진 연구에 따르면, 예민함에는 선천적 요인과 후천적 요인 모두가 작용합니다. 즉, 유전적으로 예민한 성향을 타고난 사람이 살면서 다양한 경험을 함으로써 그 예민함이 증폭되거나 완화될 수 있습니다. 또 개인의 환경과 경험에 따라 예민함에 대응하는 방법이 달라질 수도 있습니다.

우선 예민함이 타고나는 성향이라는 것은 직관적으로 알 수 있습니다. 대부분의 예민한 성인은 어렸을 때부터 예민한 모습을 보입니다. 어릴 때부터 큰 소리, 낯선 환경, 발표, 대인 관계에 있어 쉽게 긴장하고 불안해합니다. 그래서 어떤 사람은 자신이 '평생' 예민하게 살았다고 말합니다.

예민함은 타고날까, 만들어질까

선천적 요인이 예민한 성향을 결정하는 데 얼마나 영향을 미치는지에 관한 연구를 살펴봅시다. '감정 반응성'이라는 개념이 있습니다. 얼마나 자주, 강하고 빠르게 자극에 반응하는지를 뜻하는 것으로, 연구에 따르면 감정 반응성의 유전율은 40~60퍼센트라고 합니다(유전율이란 특정 집단 내 개인 간의 특성 차이가 있을 때, 이 차이의 분포를 유전적 요인이 얼마나 좌우하는지를 설명하는 개념입니다). 즉, 감정 반응성의 개인 간 차이는 선천적 요소가 약 50퍼센트 정도 결정한다는 뜻입니다.

예민함의 절반을 유전적인 요인으로 설명할 수 있다면, 나머지 절반은 환경이나 우연에 의한 개인차라는 뜻입니다. 환경의 영향도 결코 무시할 수 없는 것이지요. 살면서 겪는 다양한 경험, 부모와의 관계를 포함한 대인 관계, 어린 시절의 트라우마와 같은 여러 스트레스는 예민한 유전자의 스위치를 켜고 끄는 데 영향을 미칩니다. 그 작동 방식은 이렇습니다. 환경과 경험은 DNA 염기 서열과 같은 유전자 정보를 바꾸지 않으면서도 유전자의 '발현'을 조절합니다. 유전과 환경이 상호작용을 하는 것이지요. 즉, 예민한 사람이 놓인 환경과 삶의 경험이 예민함을 타고난 뇌 시스템의 활성을 증폭하거나 감소시킬 수 있습니다. 물론 완전히 다른 특성으로 바꿀 수는 없지만요.

내 성향을
성장의 발판으로 삼는 법

특히 어린 시절일수록 환경과 경험이 감정 반응성에 더 큰 영향을 미칩니다. 어린 시절의 큰 정서적·신체적 트라우마, 소아청소년기 부모의 지나친 비난 혹은 과잉보호 모두 예민함을 증폭시키고 감정 조절을 어렵게 만듭니다. 감정 조절이 어려워지면 대인 관계에서 문제가 생기기 쉽고, 사람과의 갈등은 또 다른 상처로 다가옵니다. 갈등과 상처가 반복되면 더욱 예민해져서 심리적인 고통은 물론 삶의 다양한 영역에서 어려움을 겪을 수 있습니다. 그 과정에서 당황하고, 수치심을 느끼며, 자신이 부족하다는 마음을 갖게 되죠.

반대로 예민한 사람이 긍정적인 경험과 지지해 주는 환경을 만나면 더 많은 성장과 성취를 이룰 수도 있습니다. 타고난 특성을 있는 그대로 받아주고, 흥분된 감정이 가라앉도록 기다려주며, 스스로 도전할 수 있도록 기회를 주는 환경이라면 예민한 사람은 자신의 능력을 더 마음껏 펼칠 수 있습니다.

즉, 예민한 사람은 부정적인 경험과 환경뿐 아니라 긍정적인 경험과 환경에서도 큰 영향을 받는 것이지요. 만약 예민한 사람을 가족이나 자녀로 두었다면, 그의 타고난 성향을 인정해 주고 그 성향이 강점으로 발휘할 수 있도록 도와야 합니다.

이미 부모의 영향에서 어느 정도 벗어난 성인이라면 어떻게 긍정적인 경험과 환경을 만들 수 있을까요? 하루하루 자신의 행동을 선택함으로써, 자신의 경험과 환경을 더욱 긍정적으로 만들 수 있습니다. '지금 이 순간'의 선택은 오늘의 경험을 결정하고, 오늘의 경험이 쌓이면 주변 환경에 변화를 줄 수 있습니다. 즉, 어떤 행동을 하고, 어떤 관계를 맺고, 어떤 노력을 하는지에 따라 더 풍요롭고 의미있는 삶을 누릴 수 있습니다. 설령 어린 시절에 이상적이지 못한 환경에서 자라 지금까지 예민한 성향으로 고통받았더라도 오늘 이후의 경험과 환경은 지금 나의 선택으로 바뀔 수 있습니다.

예민함은 타고난 성향이지만, 유전이 모든 것을 결정하는 것은 아닙니다. 타고난 성향은 다양한 자극에 대한 민감도를 결정하지만, 그 사람의 삶을 결정하거나 제한하지는 않습니다. 물론 완전히 예민하지 않은 사람으로 변할 수는 없습니다. 다만 개인의 선택과 노력으로 나에게 유리한 상황을 만들 수 있고, 그에 따라 예민함의 발현 정도, 조절 능력, 대처 방법은 크게 달라질 수 있습니다.

예민한 사람은 부정적인 환경에서 더 큰 고통을 겪기도 하지만, 긍정적인 환경에서는 더 큰 성장을 이루어 낼 수 있습니다. 그리고 긍정적인 환경은 주어진 것이 아닌, 나 자신이 선택하고 만들어 나갈 수 있는 것입니다. 자신의 선택에 따라 다채롭고 풍요로운 삶을 살 수 있다는 점을 잊지 말길 바랍니다.

한국에 유난히 예민한 사람이 많은 이유

왜 우리나라에는 유독 스스로 예민하다고 말하는 사람이 많을 까요? 진료실을 찾아온 수많은 이를 마주할 때마다 이 현상은 단순히 개인의 특성만으로 설명할 수 없고, 사회문화적 차원으로 접근해야 한다고 생각하게 됩니다.

물론 각 개인의 예민함을 사회문화적 요인과 연결 지을 때는 매우 신중해야 합니다. 예민함에 영향을 미치는 요인은 다양하며, 사회적 요인은 그중 하나에 지나지 않기 때문입니다. 게다가 사회적 요인이라 해도 그 범위가 매우 넓습니다. 개인보다 공동체를 중시해 온 유교 문화, 일제강점기나 한국전쟁과 같은 국가적 트라우마 등이 여기에 포함됩니다.

여기에서는 현대 한국 사회의 특수성이 부모 세대에 어떤 영향을 주었고, 그 부모 밑에서 자란 우리가 왜 더 예민할 수밖에 없는지에 초점을 맞춰 살펴보려 합니다.

실패를 용납하지 못하는
사회

한국은 세계에서 유례를 찾아보기 힘들 만큼 빠른 경제 성장과 민주주의를 이룩했습니다. 세계은행World Bank 자료에 따르면, 한국의 1인당 국내총생산GDP은 33,121달러로, 1960년의 158달러에 비해 200배 이상 증가했습니다(2024년 기준).

엄청난 성장 가운데 사회구조 역시 급격히 변화했습니다. 빠른 외형적 성장의 이면에는 부작용이 있었습니다. 극심한 비교와 경쟁이 일상에다가, 성공 방식이 정해져 있었던 한국 사회에서는 성적, 학벌 등 눈에 보이는 기준으로 자신을 증명해야 했습니다. 2010년 초에 널리 사용된 '삼포세대(연애, 결혼, 출산을 포기한 세대)'라는 표현은 사회가 정한 기준에 미치지 못하거나 불확실한 미래를 감당하기 어려운 청년들의 마음을 반영한 경향입니다.

　물론 연애와 결혼, 출산은 개인이 선택할 문제이고, 그 선택은 존중받아야 합니다. 하지만 '선택이 아닌 포기'란 말에는 청년들이 느끼는 깊은 좌절감이 배어 있습니다.

　끊임없이 비교하고 경쟁하는 사회에서 살아남으려면 힘들다는 감정을 표현하기보다 참고 인내하는 것이 미덕이 됩니다. 힘들다는 말은 나약하다는 의미로 읽히고, 이는 곧 실패를 뜻합니다. 하지만 감정을 억제할수록 우리는 내가 느끼는 감정을 제대로 인식하지 못하고, 때로는 스스로도 통제되지 않는 방식으로 표현하게 됩니다. 감정을 제대로 표현하거나 이해받을 수 없는 사회에서 예민한 사람들은 감정에 민감해진 사람이 되어버리는 것입니다.

　성공 방식이 정해져 있다고 믿는 사회에서는 작은 실수와 일탈조차 용납되지 않습니다. 그러다 보니 자신에게 요구하는 기준은 점점 높아지고, 사회가 바라는 기준도 더 까다로워집니다. 그 결과, 사람들은 작은 실패나 내적 기준에 못 미치는 상황에 예민하게 반응할 수밖에 없습니다.

　경쟁적이고 획일화된 사회에서 개성과 취향은 존중받기보다는 무시되기 쉽고, 그 대가로 개인의 개성이나 취향은 사회적 인정이나 출세를 위해 희생됩니다. 자신의 욕구를 충분히 표현하지 못한 사람은 그 억눌린 감정을 불안한 감정이나 불쾌한 생각

또는 이상 감각으로 경험하게 됩니다. 그렇게 감정, 생각, 감각에 대한 예민함이 점차 강화되는 것이죠.

이러한 사회적 압박 속에서 나타나는 대표적인 심리 반응 중 하나가 바로 '화병'입니다. 화병은 주로 억눌린 감정, 특히 분노를 표현하지 못하고 안으로 삭일 때 나타나는 신체적, 심리적 증상입니다.

한국 사회에서만 관찰되는 독특한 이 반응은 가슴이나 명치 부위가 답답하거나 얼굴, 가슴 등에 열이 오르는 신체 증상과, 억울함이나 분노 같은 감정이 반복적으로 나타나는 감정적 증상을 보입니다. 특히 화병은 권위주의적인 가족 구조나 위계적인 사회 분위기 속에서 감정을 제대로 표현하지 못하고 억눌러 온 사람에게서 자주 나타나며, 여성이 겪는 비율이 더 높습니다.

이는 단순히 개인의 특성이나 성격만의 문제가 아니라, 감정 표현이 자유롭지 못한 대한민국의 사회문화적 환경에서 비롯된 집단적 심리 반응이라 할 수 있습니다. 즉, 예민함이 특정한 형태로 응축되어 나타나는 하나의 문화적 현상입니다.

양육 환경의 변화가 불러온
나비효과

급속한 경제 성장과 그에 동반된 '핵가족화'는 부모의 역할과 양육 방식도 크게 바꾸어 놓았습니다. 불과 50년 전만 해도 아이는 부모뿐만 아니라 할머니, 할아버지, 삼촌, 고모, 이모, 이웃집 아저씨와 아주머니까지 다 함께 키웠습니다. 즉, 공동체가 양육을 담당했습니다. 그런데 지금은 어떤가요? 인류 역사상 처음으로 아이를 돌보고 책임지는 일이 부모 둘(혹은 한 명)만의 몫인 시대가 되었습니다. 그러니 아이 키우는 일이 벅찰 수밖에 없고, 아이를 낳는 일이 두렵게까지 느껴집니다. 많은 젊은 사람이 결혼과 출산을 주저하는 것은 어찌 보면 당연해 보입니다.

그렇기에 부모는 불안할 수밖에 없습니다. 주어진 책임은 너무 무겁고, 감당해야 할 일도 많습니다. 하지만 어떻게 아이를 키워야 할지 물어볼 사람이 주변에 없습니다. 도움을 받고 싶어도 받을 수 없기에, 결국 혼자 버티고 혼자 판단해야 합니다.

불안한 부모는 조급하기 쉽습니다. 다른 부모와 자신을 비교하면서 부족함을 자책합니다. 자신이 꿈꿔온 이상적인 부모의 모습에서 멀어진다는 생각에 좌절감을 느끼기도 합니다. 이때 부모의 양육 태도는 극단으로 치닫기 쉽습니다. 에너지가 고갈

되어 자녀에게 충분한 관심을 주지 못하거나, 불안을 견디지 못해 과도한 간섭과 보호를 하기도 합니다.

실제로 2023년도에 발표된 보고서인 〈서울시 양육자의 정신건강·양육 스트레스 실태분석과 지원방향〉에 따르면, 0~9세 자녀를 둔 양육자의 절반 이상이 양육 스트레스 고위험군에 속했습니다. 우울, 불안, 불면증을 겪고 있는 비율은 각각 25.4퍼센트, 17.6퍼센트, 20퍼센트나 됐고, 특히 혼자서 육아하는 경우 스트레스 점수와 고위험군 비율 모두 가장 높았습니다.

한편 부모의 양육 스트레스와 양육 태도의 관련성을 검토한 연구들에서는 부모의 양육 스트레스 지수가 높을수록 강압적이고 권위주의적인 양육 태도를 보인다는 결과가 나왔습니다. 종합하면 현재 많은 부모가 스트레스에 취약하고, 우울과 불안을 경험하고 있다는 겁니다. 특히 주변에 도움을 줄 자원이 적을수록 이런 경향은 더 심할 수 있고, 그에 따라 부모가 자녀를 강압적으로 대하거나 과잉보호하면서 자녀에게 스스로 경험할 기회를 덜 줄 위험성이 있습니다.

또 실패를 용인하지 않는 사회 분위기 속에서 부모는 과정보다 결과를, 도전보다는 안정을 선택하게 됩니다. 문제는 이런 환경에서 자란 아이들 역시 실패나 좌절에 대한 과도한 두려움을 갖게 된다는 것입니다. 뜻대로 되지 않거나 불확실한 상황에 대한 불안감으로 '스스로 경험하는 상황'을 회피하게 됩니다. 실패나 좌절의 경험을 회피할수록 이를 견디는 힘인 '좌절 내성'은 점점 약해지고, 실패나 좌절에서 오는 불쾌한 감정을 조절하지 못해 때때로 폭발하기도 합니다.

실제로 최근 진료실에서 '좌절 내성'이 낮은 아이들을 자주 만납니다. 친구와의 작은 말다툼에도 등교를 거부하거나, 부모의 일상적인 지시나 현실적인 조언에 크게 화를 내기도 합니다. 원하는 대로 일이 진행되지 않으면 남에게 책임을 돌리거나 쉽게 포기해 버리는 등 다양한 행동을 보입니다.

이런 다양한 모습 이면에는 불쾌한 감정을 다루는 능력인 좌절 내성이 낮다는 공통점이 자리하고 있습니다. 우리는 이 아이들 모두를 '예민한 아이'라고 부릅니다. 이런 아이들이 그대로 크면 '예민한 어른'이 되겠지요. 오늘날 많은 사람이 작은 실패나 좌절감에 예민하다고 느끼는 이유에는 이러한 사회적 배경이 존재합니다.

한국 사회 구성원들의 예민함, 이는 개인만의 문제가 아닙니다. 우리 사회가 겪은 변화의 부산물이기도 합니다. 물론 예민함을 사회 탓으로 돌리라는 뜻은 절대 아닙니다. 다만 예민함을 개인의 문제로만 치부해서 자책하지 말자는 의미입니다.

마지막으로 우리는 우리 부모 세대 또한 이 급속한 사회 변화

속에서 나름의 어려움과 상처를 안고 살아왔음을 이해할 필요가 있습니다. 그들 역시 그 시대가 만든 그림자 속에서 내 자녀만큼은 잘 키워보려 애썼던 사람들입니다.

예민함에 고통받는 것은 개인의 문제만이 아닙니다. 그렇다고 부모의 문제만도 아닙니다. 그것은 우리 모두가 살아온 사회적 맥락 속에서 함께 만들어진 것입니다. 이러한 이해가 자책이 아닌 자기 연민으로, 부모에 대한 원망 대신 공감으로 이어지기를 바랍니다.

요즘 세대는
왜 스스로
민감하다고
말할까

최근 진료실에서 유독 20, 30대들이 스스로 너무 예민하고, 삶이 버겁게 느껴진다고 말합니다. 막 성인이 되어 사회에 진출했기에 당연히 그렇게 느낄 수 있습니다. 하지만 40대인 저도 그들의 이야기를 듣다 보면, 요즘 젊은 세대가 여러모로 힘든 상황에 놓여 있다는 사실에 공감하게 됩니다. 2024년 '정신 건강 및 행동장애 진료 현황'에 따르면, 우울증 환자 약 110만 명 중 20대가 전체 환자의 약 20퍼센트를 차지해 연령대 중 가장 높은 비율을 보였습니다. 또 최근 20, 30대 여성의 우울증 환자 증가 속도가 다른 연령대보다 더 높다고 합니다.

물론 우울증과 예민함은 다릅니다. 하지만 우울증을 겪는 많은 사람이 감각, 감정, 생각, 관계에서 스스로 예민하다고 느낀다는 걸 보면, 예민해졌다고 느끼는 20, 30대가 늘어나고 있는 것은 분명해 보입니다.

최근 20, 30대는 상당히 초조해 보이기도 합니다. 경제 발전 속도는 이전보다 못한데 젊은 세대가 부양해야 하는 노인 인구는 늘어나고 있고, 좋은 직장과 부동산은 기성세대가 이미 선점한 사회에서 이들의 삶은 녹록지 않습니다. 아무리 열심히 해도 원하는 삶을 살 수 없다는 무력감과 좌절감, 그래도 무엇이라도 해야 하지 않겠느냐는 절박감과 초조함을 느끼는 건 어찌 보면 자연스러워 보입니다.

저는 요즘 세대는 의지가 약하고 노력을 덜 해서 더 우울하고 예민하고 무기력하다는 일부 기성세대의 의견에 동의하지 않습니다. 제가 진료실에서 만난 수많은 20, 30대는 어떻게든 잘 살아보겠다고 애쓰고 있고, 이런 그들의 마음은 강하고 절실합니다. 이들의 예민하고 무기력한 모습은 단지 그들이 의지박약하기 때문이 아니라 사회가 지닌 구조적 문제, 취업의 어려움, 양육 부담, 일부 기성세대의 이기주의 등이 젊은 세대를 궁지로 모는 데 한몫했기에 나타난다고 생각합니다. 경제나 인구 구조의 변화, 사회복지 등의 문제는 저의 전문 분야가 아니기에 여기에서는 언급하지 않겠습니다. 대신 특히 청소년기와 초기 성인기에 더 예민해지는 이유를 뇌 발달의 관점에서, 요즘 세대의 예민함이 더욱 커진 이유를 디지털 미디어 사용의 관점에서 설명해보겠습니다.

내가 아니라
뇌가 예민해질 때

10대와 20대, 30대 초반이 스스로 더 예민하다고 느끼는 이유는 이 시기의 뇌 발달 특성에서 찾을 수 있습니다. 모든 뇌 부위의 발달은 같은 속도로 동시에 이루어지는 것이 아닙니다. 또한 시기에 따라 더 민감하게 작동하는 영역이 정해져 있습니다. 감정 반응을 담당하는 편도체, 피질하 변연계는 유아기와 아동기처럼 이른 시기에 빠르게 발달합니다. 이후 청소년기가 되면 자극에 대한 반응성과 민감도가 크게 높아집니다. 이 영역은 자극, 감정, 보상, 사회적 인정, 사회적 관계에 민감하게 '반응'하는 역할을 합니다. 그렇기에 청소년기나 초기 성인기에 다양한 자극에 예민하게 반응하고, 감정이 요동치며, 사회적 인정과 평가에 매우 민감한 모습을 보이는 것이지요. 어찌 보면 뇌 자체가 '예민한 상태'에 놓여 있는 겁니다.

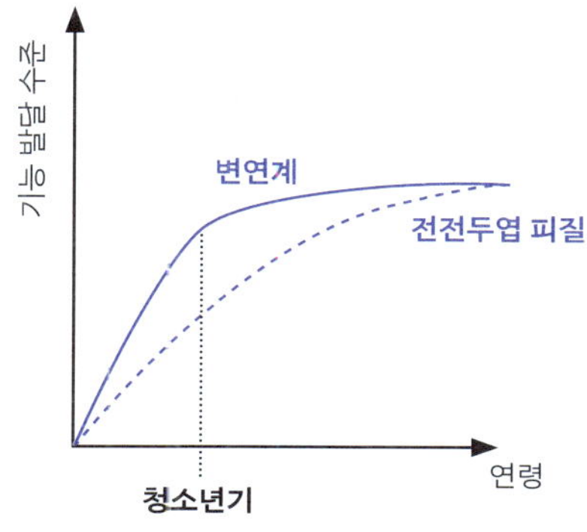

반면 자극과 감정을 통제하고 '조절'하는 영역은 '반응' 영역에 비해 아직 충분히 발달하지 못했습니다. 자극과 감정을 조절하는 활동은 뇌의 앞쪽에 놓인 전두엽과 전전두엽 등에서 이뤄집니다. 이 부분은 뇌에서 가장 늦게 성숙하는 부위로, 20대 중반이나 후반에야 비로소 발달이 완성된다고 알려져 있습니다.

10대에는 감정 반응을 담당하는 부분과 전두엽 사이의 연결이 활발해지면서 감정을 조절하고 억제하는 기능이 조금씩 향상됩니다. 초기 성인기에는 전두엽 피질 내 연결성이 강화되는데, 전두엽 내 연결성은 정교한 감정을 맥락에 맞게 평가하고 해석하는 기능과 관련되어 있습니다. 이 전두엽 내 연결성의 강화는 개인차가 매우 커서 30대 초반까지도 이어질 수 있으며, 당시 환경과 경험의 영향을 받기도 합니다.

결국 편도체나 변연계에 비해 전두엽, 전전두엽, 전두엽 피질 내 연결성 발달은 상대적으로 늦게 이루어집니다. 이 속도 차이와 기능의 부조화로 초기 성인기에는 감정이 쉽게 요동치고, 생각이 잘 통제되지 않으며, 외부 자극이 적절히 걸러지지 않고 과도하게 밀려드는 듯한 경험을 하게 됩니다.

즉, 뇌 발달 과정에서 '조절하는 뇌'가 아직 충분히 발달하지 못한 상태에서 '반응하는 뇌'만 격렬하게 자극을 받기 때문에, MZ 세대가 예민하고 감정적인 것은 어찌 보면 '자연스러운' 현상입니다. 아마 조선 시대 청년 역시 당시 40, 50대보다 더 감정적이고 충동적이며 반항적이었을 겁니다.

발달 과정에서 자연스럽게 커지는 예민함은 인류에게 긍정적인 영향을 주기도 합니다. 청소년기와 초기 성인기에는 자극에 관한 반응성이 커지면서 풍부한 감정을 느끼고, 깊은 생각을 하며, 그에 따라 다양한 경험을 쌓게 됩니다. 인간관계, 타인의 평가와 인정에 민감한 특성은 사회적 역할을 찾고 수행하도록 돕습니다. 남들에게 인정받을 만한 일을 하면서 성취감을 느끼고 자신의 특기나 직업을 찾을 수도 있습니다.

정의롭지 못한 상황에 분노하고 변화를 추구하는 청소년과 청년의 특성은 사회를 변화시키는 원동력이 되기도 합니다. 쿠

바혁명의 체 게바라나, 삼일운동의 유관순 열사 모두 10, 20대였다는 점은 이 시기의 예민함이 인류에 미친 의의를 역사가 증명했다고 할 수 있습니다. 그러니 청소년기와 초기 성인기의 예민함과 충동성, 분노는 나름의 의미가 있습니다.

다만 앞서 설명한 뇌 영역 간 발달 속도의 차이는 과거 인류에게도 존재했기에 최근 젊은 세대가 보이는 예민함을 모두 설명할 수는 없습니다. 앞에서 다룬 핵가족화와 양육 방식의 변화를 포함한 대한민국의 사회구조적 요인이 최근 20, 30대의 예민함을 일부 설명할 수 있습니다. 단, 핵가족화가 우리나라에서는 70, 80년대부터 시작된 점을 고려하면, 사회구조적 요인의 영향은 20, 30대를 넘어 보다 넓은 연령층에까지 미칠 것 같기는 하네요.

그렇다면 2026년 현재, 이 시대의 젊은 세대가 특별히 더 예민하다는 것을 설명할 수 있는 다른 요인으로는 무엇이 있을까요? 이 질문에 관한 힌트는 지금 20대가 기존 세대와는 완전히 다른 환경에서 자랐다는 점에서 찾을 수 있습니다.

스마트폰과 함께
예민해지는 사람들

1990년 초반에는 하이텔, 천리안, 나우누리 등의 PC 통신이 보급되었고, 2000년대 초반에는 인터넷 초고속 시대가 도래했습니다. 2000년대 중반 이후에는 싸이월드나 네이버 블로그처럼 온라인에 사진을 올리는 콘텐츠가 유행했고, 2007년 애플의 아이폰이 출시된 이후로 스마트폰의 시대가 열렸지요. 2026년 현재 대부분의 20대는 Z세대로, 어렸을 때부터 스마트폰과 SNS를 접했습니다. Z세대는 디지털 환경에서 태어나고 자랐다고 하여 이들을 '디지털 원주민'이라고도 부릅니다.

10대와 20대가 어린 시절부터 사용한 스마트폰은 30대가 경험한 인터넷과 다릅니다. 우선 스마트폰에 나오는 시청각 자극은 훨씬 강렬합니다. 1, 2살 아이도 '베베핀'과 '뽀로로'가 나오는 영상에서 눈을 떼지 못합니다. 제가 청소년기에 접한 하이텔, 나우누리 같은 텍스트 기반의 PC 통신과는 비교할 수도 없지요.

또 스마트폰은 정보에 빠르게 접근할 수 있도록 만들었습니다. 몇 번의 터치만으로도 지구 반대편의 소식을 곧장 듣고, 다른 사람의 일상을 실시간으로 관찰할 수 있지요. 그런 스마트폰을 하루 종일 손에 들고 있으니 정보의 양이 거의 무한합니다.

심지어 불필요한 정보까지도 무분별하게 흘러들어옵니다. 선정적인 광고나 나이에 맞지 않은 콘텐츠, 거짓 정보까지도요.

사용 방식에도 차이가 있습니다. PC는 앉아서 전원을 켜는 과정이 필요합니다. 특정 목적이 있을 때 주로 정해진 장소에서 집중적으로 사용하게 됩니다. 사용 시간과 공간이 제한적일 수밖에 없지요. 반면 스마트폰은 짧고 반복적으로 사용합니다. 언제 어디서든 손에 쥐고 틈날 때마다 습관적으로 메시지나 SNS, 영상을 확인하며, 끊임없이 알람을 받기 때문에 생활 전반에 미치는 영향이 더 큽니다.

문제는 예민한 10대와 20대 중 일부는 어린 시절부터 스마트폰에 노출되면서 무분별하고 과도한 자극의 영향을 더 크게 받았을 수 있다는 점입니다. 예민한 아이는 강렬한 디지털 자극을 감당하기 어려워합니다. 우연히 본 무서운 장면이나 지구 반대편에서 일어난 전쟁 소식에 불안해하며 밤잠을 설치기도 합니다. 그 장면을 다시 보게될까 봐 걱정하면서도, 나쁜 일이 생기지는 않았는지 뉴스를 반복적으로 검색하기도 하지요.

아직 자기통제 능력이 충분히 발달하지 않은 어린아이는 스마트폰 사용을 스스로 조절하기 어렵습니다. 소아청소년의 스마트폰 과다 사용은 거북목이나 시력 저하 같은 신체 문제뿐만 아니라, 우울, 불안, 자해, 집중력 저하 등 정신 건강에도 악영향을 끼칩니다. 하루 3시간 이상의 SNS 사용이 우울과 불안 같은 정서적 문제의 위험을 2배로 높인다고도 합니다. 여학생의 경우, 외모에 대한 불만, 식이장애 등과도 연관되어 있다고 하고요. 과도한 자극에 이미 취약한 예민한 아이가 스마트폰을 놓지 못할 때, 이런 부정적인 영향은 더 커질 수밖에 없습니다.

디지털 미디어 중에서도 특히 SNS는 타인의 평가나 대인 관계에서 우리를 더욱 예민하게 만듭니다. 어린 시절부터 SNS를 사용한 10대와 20대에게 '나와 타인과의 비교'는 일상이 되기 쉽습니다. 완벽해 보이는 친구의 모습을 보며 부러워하고, 자신의 삶은 무엇인가 부족하다고 느끼며 불만족에 빠집니다. '나만 빼고 다 잘 사는 것 같아'라는 생각이 자꾸 떠오릅니다. 청소년기는 관계에 매우 예민할 시기이다 보니 SNS 활동에 더욱 집착하게 됩니다.

과거에는 비교할 대상이 기껏해야 가족, 친척, 이웃 등 지역공동체에 한정되어 있었습니다. 그러나 스마트폰의 보급과 SNS의 확산으로 이제 비교 대상은 전 세계인이 되었습니다. 아주 극소수의 사람이 코인이나 주식에서 성공하거나, 아이돌 같은 외모가 모든 이의 평균이 되는 것처럼 느끼게 하는 콘텐츠는 우리 자신을 더욱 초라하게 느끼게 합니다. 상위 1퍼센트의 재력과 외모가, 가공되고 연출된 소위 말하는 '올려친 삶'의 모습이 성공과 실패, 능력과 무능력을 가르는 기준으로 여겨지는 현실은 안타깝기만 합니다.

우리를 비교의 구렁텅이에
빠지게 만드는 SNS

다른 사람에게 좋은 평가를 받고 완벽해 보이고 싶은 마음은 누구나 갖는 자연스러운 감정입니다. 하지만 뭐든지 과하면 문제가 됩니다. 어떤 사람은 '좋아요'와 조회수에 집착하고 댓글 하나하나에 예민해집니다. 어떤 사람은 올리는 사진과 동영상을 완벽하게 보이도록 하려다 보니 연출된 삶을 살게 됩니다. 꾸며낸 모습과 실제 현실 사이에서 괴리감과 이질감을 느끼지만, 그래도 멈추기 힘듭니다.

어떤 사람은 하루 일을 마치고 녹초가 된 이후에도 수면 시간을 미루면서까지 SNS 활동을 멈추지 못하기도 합니다. 그 시간만이 자신을 위한 유일한 시간 같아서, 내일이 오면 도 쳇바퀴 같은 하루가 시작되니 이를 회피하고 싶은 마음에 졸린 눈을 비벼가며 스마트폰에서 눈을 떼지 못합니다. 끊임없이 울리는 알람도 우리에게 쉴 틈을 주지 않지요. 그래서 결국 남는 건 만성

수면 부족과 피로, 알 수 없는 공허감뿐입니다.

디지털 미디어의 왜곡되거나 과장된 정보도 요즘 세대의 예민함을 더 키웠습니다. '이렇게 하지 않으면 돈을 벌 수 없고, 성공할 수 없으며, 행복할 수 없다'는 식의 영상을 수없이 봅니다. 대인 관계에 관해서도 '이렇게 행동하지 않으면 호구가 된다'는 내용을 다루는 영상이 많습니다. 내용의 사실 여부를 차치하더라도, 이런 내용을 접한 요즘 세대는 '그래, 한번 해보자'라고 도전하기보다 '역시 난 안 되겠어'라고 체념하기 쉽습니다. 삶이 매뉴얼을 따르는 과정인 것도 아닌데, 그 기준에서 벗어난 작은 실수나 실패를 하면 감당할 수 없는 아픔으로 다가옵니다.

어려서부터 디지털 미디어와 SNS의 자극적인 정보에 과도하게 노출된 Z세대에게 스마트폰의 영향은 매우 큽니다. 문제는 무분별한 스마트폰 사용이 우리를 너무나 예민하게 만든다는 점입니다. 예민한 사람일수록 여과 없이 쏟아지는 정보와 자극을 가라앉히려면 더 많은 시간이 필요합니다. 특히 SNS의 과도한 사용은 '남에게 어떻게 비칠까' 하는 외부 평가에 민감하게 만들고, '나는 이렇게 살아야 해'와 같은 자기 기준을 절대시하게 합니다. 그리고 그 기준에 미치지 못한다고 느낄 때, 참을 수 없는 불편감에 사로잡히지요.

그렇다고 여기서 디지털 미디어와 SNS 자체가 문제니 없애야 한다거나, 강한 규제 정책을 펼쳐야 한다고 주장하는 것은 아닙니다. 다만 예민한 사람들에게 SNS 사용이 어떤 의미를 갖는지 살펴보고자 했습니다.

기술의 발달이 우리의 삶을 윤택하게 만들었지만, 일부 예민한 사람은 디지털 미디어나 SNS에 지나치게 몰입해 쉽게 헤어나오지 못합니다. 그 과정에서 타인을 부러워하면서 정작 자신만의 개성과 강점을 보지 못하는 어려움을 겪기도 합니다. 뇌 발달 속도를 억지로 빠르게 할 수는 없지만, 디지털 미디어와 SNS 사용은 적절히 조절할 수 있습니다.

억울하지
않은
사람이 없는
사회

이번에는 '나와 다름'에 관한 예민함을 이야기하려 합니다. 구체적인 예로, 현재 한국 사회에서 20, 30대의 젠더 갈등을 해석해보려 합니다.

인류는 오래전부터 '나와 다른 집단'을 향해 강한 본능적 감정을 느꼈습니다. 그 감정이 호기심과 설렘일 수도 있지만, 인류는 대부분의 외부 집단에게 거부감과 공포, 불안을 느꼈습니다. 나와 다른 피부색과 외모의 사람을 보면 본능적으로 예민해집니다. 외형적인 것뿐만 아니라, 나와 다른 나이대, 종교, 정당, 성별, 성적 지향, 가치관을 마주할 때도 마찬가지입니다.

나와 다른 집단을 향한 공포와 불안은 비난과 멸시, 심지어 분노와 폭력으로 변질되기도 합니다. 로마에서 로마인이 아닌 다른 민족을 부르던 '외부인barbarian'은 야만인이라는 뜻까지 포함하고, 우리나라에는 이민족을 미개한 종족이라고 멸시하며 부른 '오랑캐'란 단어도 있습니다. 유대인을 향한 나치의 박해와 학살인 홀로코스트와 후투족과 투치족 사이에 벌어진 르완다 집단학살은 외집단을 향한 공포와 불안이 분노와 폭력, 살인으로 이어져 비참한 결과를 낳은 예시라 할 수 있습니다.

외집단을 마주할 때 많은 사람이 느끼는 감정이 바로 역겨움과 혐오입니다. 원래 혐오는 썩은 음식을 보고 역겨운 냄새를 맡을 때 메스꺼움과 함께 나타나는 감정이었습니다. 감염과 질병의 위험을 줄여 인류의 생존율을 높이기 위한 본능적인 감정인 것이지요.

혐오를 일으키는 대상은 썩은 음식과 오염, 바이러스에서 점차 다양한 자극으로 그 범위가 넓어졌습니다. 대표적인 예가 죽음과 인간성 상실입니다. 죽음과 관련된 피와 사체를 브면 역겨움을 느끼고, 잔인한 연쇄살인범을 보면서 우리는 '짐승 같은', '비인간적인'이란 표현을 쓰며 혐오감을 나타냅니다.

그리고 특정 사람이나 집단 자체가 혐오 대상이 되기도 합니다. 앞서 설명한 다른 인종, 성소수자를 보며 '더럽다', '역겹다'라고 표현하는 것도 비슷한 이유입니다. 또 장기이식이나 줄기세

포 연구 등과 같이 새로운 과학기술에도 즉각적인 거부감을 보이기도 합니다. 사람들은 종종 그것이 '왜 싫은지'도 모른 채, 혐오감을 '도덕적 직관'처럼 여기기도 합니다. "왜 그런지는 모르겠어. 그냥 왠지 싫고 더러워"라는 표현을 쓰는 것처럼요.

혐오감은 종종 배제와 차별이 함께 나타납니다. 심지어 폭력을 정당화하는 기제로 혐오감을 주는 주체를 악(惡)의 본질로 묘사합니다. 나치의 홀로코스트와 르완다 집단학살에서도 다른 종족을 '열등한 존재', '벌레', '이', '해충'으로 부르며 잔인하게 학살했습니다. 이 두 사건은 혐오라는 감정이 나와 다른 집단을 악마화하고, 그들을 제거하는 것이 정당하다는 망상적 사고에 사로잡힌 인간의 '비인간적인' 모습을 적나라하게 보여줍니다. 인간성 상실을 혐오하면서도 오히려 혐오를 느낀 사람이 가장 인간성을 상실한 행동을 보인다는 것이 아이러니합니다.

그런데 최근 한국 사회에서도 혐오감이 점차 확대된다는 느낌을 받습니다. '○○충'이라며 아동, 청소년, 남성, 여성, 노인을 가리지 않고 사람을 벌레로 표현하는 모습을 흔히 보게 됩니다. 특히 20, 30대에서 나타나는 젠더 갈등이 서로를 향한 혐오로까지 이어지는 모습을 보면 걱정을 지울 수가 없습니다.

실제로 20, 30대의 성별 간 대통령 선거 투표 성향 차이를 보면 젊은 세대 사이의 갈등을 간접적으로 확인할 수 있습니다.

19대 대통령 선거까지만 하더라도 20, 30대의 성별 간 지지 후보는 비슷했습니다. 세대 간 투표 성향 차는 컸지만 같은 세대 내 남녀 차이는 크지 않았습니다. 그런데 최근에 이루어진 20대, 21대 대통령 선거 결과를 보면, 20대 연령층의 지지 후보가 성별에 따라 큰 차이를 보인다는 점을 알 수 있습니다. 물론 이는 단편적인 사례일 뿐, 이를 젠더 갈등의 모든 것으로 일반화할 수는 없습니다. 다만 젊은 세대, 특히 20대에서 성별 간 시각차가 왜 커졌는지를 살펴보면, 요즘 사회가 왜 '다름'에 더 예민해지고 있는지에 대한 단서를 얻을 수 있을 것입니다.

디지털 문화와 스마트폰 활용으로 자신과 비슷한 생각을 지닌 사람과의 소통은 더욱 원활해졌지만, 자신과 다른 의견을 가진 사람과의 교류는 이전보다 훨씬 줄어들었습니다. 실제 만남은 줄고 온라인에서의 대화는 늘어났기에 폐쇄적인 집단은 더욱 폐쇄적으로 되고 그들만의 생각에 갇히게 됩니다. 외집단이라고 생각하는 상대방을 향한 원색적 비난이 그 집단에서는 비판 없이 받아들여지고 심지어 추앙받기도 합니다. 그렇게 상대방을 향한 연민은 사라지고 상대방의 악의 없는 행위에도 그 의도를 의심하게 되는, 서로가 서로에게 매우 예민해지는 모습을 보입니다.

혐오 이면에는
깊은 좌절감이 있다

그런데 왜 현재 20, 30대는 상대방에게 더욱 예민해지고, 심지어 혐오를 느끼게까지 된 걸까요? 앞서 환경을 변화시키는 외부 적응이 있는가 하면, 반대로 자신이 변하는 내부 적응도 있다고 했습니다. 타인이나 환경의 변화보다 자기 이해를 우선시하는 정신과 의사로서 각자의 마음을 먼저 이해해 보려 합니다.

사실 상대방을 향한 분노와 혐오 이면에는 고립감과 좌절감이 깊이 자리 잡고 있을 수 있습니다. 많은 여성이 사회의 불합리한 제도에서 부당한 대우를 받아왔고, 그로부터 고립감, 좌절감, 무력감을 크게 느낍니다. 반대로 많은 남성은 자신이 특별히 혜택을 받은 적도 없는데, 역차별받는다는 느낌을 지울 수 없습니다. 이들도 고립감과 무력감, 억울함을 느꼈겠지요.

고립감, 좌절감, 무력감, 억울함은 자기 비난으로 이어지기도 합니다. 나만 무엇인가 부족하다는 생각에 괴롭기도 합니다. 이 괴로움을 혼자 견디기 힘들어 비슷한 처지에 있는 사람끼리 모여 조금이나마 위안을 얻으려 했을 수 있습니다. 그런데 그 위안이 '우리'와 '그들'을 가르는 방향으로 흘러가면, 나와 다른 반대편을 모든 문제의 원인으로 여기며 악마화하기도 합니다. 스스로 받아들이기 힘든 자기 비난의 화살을 타인에게 떠넘기는 심리적 반응인 '투사'가 나타나기도 합니다. 그 과정에서 상대방은 더욱 혐오스럽고 공격을 받아도 마땅한 대상으로 여겨집니다. 그렇게 편견과 차별이 쉽게 확산되는 분위기가 만들어집니다.

그러나 사실 이들 모두에게 필요했던 건 따뜻한 위로와 격려였을 겁니다. 좌절과 분노가 혐오와 폭력으로 변질되는 순간, 그 누구도 승자가 될 수 없습니다. 억울하지 않은 사람이 없는 세상이지만, 그렇다고 상대방을 배제하고 멸시한다고해서 그 억울함이 해결되지는 않습니다. 서로를 존중하며 나누는 건설적인 토론이 아닌, 비난과 조롱만이 난무하는 파괴적인 혐오는 그 누구에게도 도움이 되지 않습니다.

그러면 조금이나마 서로 간의 갈등을 줄이려면 어떻게 해야 할까요? 첫째로 타인을 향한 비난 이전에 자신을 먼저 이해하려는 노력이 필요합니다. 물론 상대방이나 사회가 바뀌어야 하는 부분도 분명히 있을 수 있습니다. 하지만 상대방에게 혐오를 느끼고 변화를 요구하기 전에 내 마음이 어떤지를 먼저 살펴야 합니다. 미국의 철학자 마사 누스바움은 "혐오는 자신의 불안과 취약함을 타인에게 떠넘기는 방식일 수 있다"라고 했습니다. 결국 혐오감을 느끼는 내가 무엇을 두려워하고 불안해하며, 무엇을 걱정하는지를 먼저 살펴야 하는 것이지요.

다행히 지금의 20, 30대는 자기 자신을 이해하려는 태도를 이미 지니고 있습니다. 이들은 물질이나 외모 같은 겉모습뿐만 아니라 심리와 내면에도 깊은 관심을 기울입니다. 최근 의과대학에서 정신건강의학과가 인기 있는 과로 떠오른 것도, 물질에서 정신으로 가치가 옮겨지는 한국 사회의 변화를 보여준다고 생각합니다. 따라서 이미 자기 자신을 이해하려는 태도를 지닌 요즘 세대가 자신의 불안과 좌절을 관심 있게 바라보고 극복하려는 마음만 있다면, 서로를 향한 연민과 존중은 커지고 혐오는 자연스럽게 줄어들 것입니다.

나와 타인의 어려움을
함께 바라본다면

혐오를 줄이기 위한 또 다른 방법은, 나와 다른 존재라고 생각하는 상대방과 어떤 공통점이 있는지를 적극적으로 찾아보는 것입니다. 20, 30대 남녀는 고립감, 억울함, 열등감, 좌절감, 자기비난을 어느 정도 공유하고 있습니다. 그리고 모두 조금 더 나은 삶을 위해 몸부림치고 조금 더 행복해지려 노력하고 있습니다. 다만 그 방식과 의견이 달랐을 뿐이지요. 나와 완전히 다른 존재라 믿었던 상대방도 나와 비슷한 감정과 어려움을 겪고 있다는 점을 이해한다면, 조금은 타인에게 너그러워질 수 있지 않을까요?

그러기 위해서는 폐쇄적인 온라인 집단에서 벗어나 상대방과 직접 만나고 소통하는 자세가 필요합니다. 나와 비슷한 생각을 지닌 사람끼리만 소통하면 세상을 바라보는 시야는 좁아질 수밖에 없습니다. 극단적으로는 현실에서 멀어져 왜곡된 생각에 빠질 수도 있습니다. 특히 폐쇄적인 온라인 모임에만 빠져 있을 때 그 위험성은 더 커집니다. 따라서 온라인 커뮤니티나 SNS를 통한 연결만이 아닌, 비슷한 취향과 가치관을 가진 사람들만의 교류가 아닌, 나와 다른 누군가를 직접 만나고 소통하는 시간이 필요합니다.

흑인 차별에 관한 과거 연구를 보면 흑인과 직접 만난 경험이 많을수록, 그들의 실제 삶을 가까이 접할수록 흑인에 대한 부정적인 태도나 편견이 줄어들었다고 합니다. 또 미디어나 영화를 보거나 책을 읽는 간접적인 방식 역시 상대방에 대한 이해와 공감을 넓히는 데 도움이 됩니다. 중요한 것은 머릿속에서 막연히 그린 타인의 모습이 아니라, 그들이 실제로 살아가는 모습을 있는 그대로 바라보는 일입니다.

20, 30대의 젠더 갈등을 사례로 들었지만, 이는 우리 사회에

존재하는 모든 차별과 편견에 관한 이야기로 확장될 수 있습니다. 이제 상대방이 무엇을 고민하고 어떤 어려움 속에서 살아가는지 열린 마음으로 들어볼 수 있을까요? 그리고 누군가를 향한 비난의 말을 내뱉기 전, 내 마음속 목소리에 먼저 귀 기울여 볼 수 있을까요? 그렇게 조금은 더 따뜻하고, 서로를 이해하며 연민을 나누는 사회가 되기를 소망합니다.

"저 사람은 좀 예민해"란 말은 '상대하기 어려운', '감정에 치우쳐 비합리적인', '이기적인', '너무 눈치를 보는', '쉽게 상처받는' 등의 부정적이고 불편한 의미를 지닐 때가 많습니다. 예민한 사람 스스로도 자신이 무언가 잘못된 사람, 이상한 사람이라고 규정짓기도 합니다. 저도 책을 쓰거나 강연을 준비할 때, '예민하다' 대신 '민감하다'라는 표현을 쓰기도 합니다. 독자나 청자가 예민하다는 표현을 불편해하지는 않을까 하는 저의 '예민한' 마음 때문입니다.

여기에서는 예민함이 왜 이렇게 부정적으로 받아들여지는지 그 이유에 관해 이야기해 보겠습니다. 그리고 특히 한국에서 예민함이 더 부정적으로 받아들여지는 이유도 설명해 보겠습니다.

사실 예민함은 인류가 오랜 세월을 살아오면서 생존율을 높이는 데 도움이 되는 특성이었습니다. 작은 소리에도 놀라고, 낯선 환경에서 불안을 느끼며, 사소한 변화에도 민감하게 반응했던 사람들은 위험 신호를 남들보다 먼저 알아차렸습니다. 침략자나 맹수가 다가오기 전 미리 눈치채고 도망칠 수 있었고, 치명적인 독이 있는 식물이나 열매를 알아보고 피할 수 있었습니다. 그래서 예민한 사람 중 일부는 예언자나 지도자가 되기도 했지요. 집단 내 예민한 성향을 가진 한 사람이 먼저 위험을 감지하고 신호를 보내면, 주변 사람 모두가 살아남을 수 있었습니다. 공동체 안에서 일종의 경보 장치 역할을 해온 셈입니다. 그렇기에 생존의 위협이 항상 존재하던 사회에서 예민함은 곧 능력으로 여겨졌고, 예민한 사람은 존중받았습니다.

하지만 지금 우리의 삶은 과거와 많이 달라졌고, 예민한 사람에 대한 평가 역시 변했습니다. 더 이상 맹수를 피해 달아날 필요가 없고, 매일 목숨을 걸고 사냥하지도 않습니다. (적어도 우리나라에서는) 생존을 위협하는 살인과 전쟁을 매일 걱정하지도 않습니다. 예민함이란 경보 시스템이 작동해야 할 이유가 사라져 버린 것이죠.

대신 경보 시스템이 다른 상황에서 작동하기 시작했습니다.

다른 사람의 시선이나 작은 실수, 수많은 디지털 자극처럼 생존을 위협하지 않는 상황에서도 몸과 마음은 위급 상황을 단난 것처럼 반응합니다. 실제 위험은 줄었지만 반응은 그대로인 데에서 오는 불균형 때문에 예민함은 과잉 반응이나 불필요한 것으로 인식되기 시작했습니다. 과거에는 생존에 유리한 특성이었지만, 지금은 오히려 불편한 성향으로 여겨지게 되었습니다. 그렇게 예민한 사람은 과거에 받았던 존중을 서서히 잃었습니다.

쉽게 낙인찍는 사회, 자신을 숨기는 사람들

그렇다면 한국에서는 왜 예민함이 유독 부정적으로 받아들여지는 걸까요? 우선 한국이 속한 동양 문화의 특성에서 그 이유를 찾을 수 있습니다. 미국의 사회심리학자인 리처드 니스벳의 실험은 동서양 문화권별 사고방식의 차이를 보여줍니다.

참가자들에게 판다, 원숭이, 바나나와 세 개의 그림을 보여주고 짝이 되는 둘을 고르라고 했을 때, 서양인과 동양인의 반응은 달랐습니다. 서양인은 판다와 원숭이를 짝지었고 동양인은 원숭이와 바나나를 고른 것이죠. 이 연구를 통해 서양인은 판다와 원숭이 모두 동물이란 범주로 묶은 '개체 중심'의 사고방식을, 동양인은 원숭이는 바나나를 먹는다는 '관계 중심'의 사고방식을 보인다는 사실을 알아냈습니다.

개체 중심의 서양 사회는 개성과 독창성을 중요하게 여겼습니다. 반면 한국, 일본, 중국 등 관계 중심의 동양 문화권에서는 자신을 공동체의 일부로 여기며 조화와 질서, 체면과 예절을 더 중요시했습니다. 또 서양에서는 적극적인 자기주장과 감정 표현을 권장하지만, 동양 문화에서는 차분하고 말을 아끼며 감정 표현을 절제하는 태도를 미덕으로 여겼습니다.

서양에서는 예민한 사람을 풍부한 감수성을 가진 사람, 예술적 창의성이나 직관적인 통찰을 지닌 사람으로 받아들입니다. 예민함이 약점이라기보다 개인의 독특한 특성으로 존중받을 수 있습니다. 반면 동양에서는 집단에 맞추고 갈등을 최소화하는 것을 중시하기에 작은 일에도 예민하게 반응하는 사람은 집단의 조화를 해친다는 평가를 받기 쉽습니다. 큰 반응을 보이면 감정을 다스리지 못하는 미숙한 사람으로, 작은 자극에도 크게 흔들리면 신뢰하기 어려운 사람으로 받아들여졌습니다. 그렇게 예민함은 약함, 미숙함, 단점, 유연하지 못함으로 취급받았습니다. 이런 사회에서 예민한 사람은 자신의 특성을 숨기고 스스로를 검열하고 비판할 수밖에 없었습니다.

특히 한국 사회에서는 이러한 부정적인 시선이 더 강하게 나타납니다. 아마도 좁은 땅덩어리에 많은 사람이 모여 살다 보니 남과의 다름이 더 도드라지게 보일 수 있습니다. 비교하는 문화도 한몫하지요. "사촌이 성공하면 배가 아프다"란 속담에는 비교를 넘어 시기와 질투, 차별과 배제의 시선이 깔려 있습니다.

그뿐 아니라 급속한 산업화에 따라 효율성을 강조하고, 치열한 입시와 직장 문화 속 획일성을 강요하는 사회에서 예민한 사람은 협업이나 경쟁에 불리한 성향으로 여겨졌습니다. "그렇게 예민해서 어떻게 살아갈래?"라는 말은 이런 시각을 단적으로 보여줍니다.

한국의 집단주의도 예민함에 대한 부정적인 평가를 강화했습니다. 우리나라는 특히 산지가 많고 평야가 적어 물을 나누고 경작지를 공유해야 합니다. 또 사계절이 있어 짧은 시기에 집중적으로 노동력이 필요하기도 합니다. 이에 따라 사람들은 자연스레 서로 협력하며 살아야 했지요. 두레, 품앗이, 계와 같은 여러 사람이 함께 힘을 합쳐서 일하는 '공동 노동', 여러 사람이 서로 돕고 의지하여 공동의 목표를 달성하고 어려움을 극복하는 '상호부조'가 발달한 것도 같은 맥락에서 이해할 수 있습니다.

이렇게 공동체, 유대감을 중시하는 개념을 '수평적 집단주의'라고 하는데요. 이는 '우리'라는 감각을 키우고 내집단의 동질성을 강조했지만, '다름'은 공동체의 흐름을 방해하는 것으로 인식했습니다.

또 과거에는 마을 단위로 세금과 군역을 함께 부담하며, 서로의 행동을 감시하고 책임을 나누는 구조 속에서 살았습니다. 나아가 유교 규범이 생활 깊숙이 침투해 규율, 서열, 예의를 중시했습니다. 그래서 상하 관계에 따르지 않고 규범을 어기면 벌금이나 추방 등 강한 제재가 뒤따랐지요. 권위와 규율 중심의 '수직적 집단주의'를 보이는 사회에서 규범에서 벗어난 행동은 비난의 대상이 되었습니다.

이런 문화적 배경에서 자란 많은 예민한 사람이 자신을 문제라고 여깁니다. '나는 왜 이렇게 약할까?', '왜 남들처럼 태연하지 못할까?'라는 생각이 반복되면서 본인의 특성을 부정하고 자존감이 낮아지기도 합니다. 예민함을 바라보는 사회의 시선과 낙인이 예민한 사람에게 큰 부담으로 다가옵니다.

지금 우리에게는 예민함이 필요하다

이제는 예민함을 바라보는 새로운 관점이 필요합니다. 오늘날 한국 사회는 급속한 산업화와 성과 중심의 경쟁으로 눈부신 경제적 성취를 이루었지만, 높은 자살률, 낮은 행복 지수, 세대와 성별 간 갈등 같은 사회문제를 마주하고 있습니다.

청년 세대는 치열한 입시와 취업 경쟁에 지쳐 있고, 중년 세대는 삶의 의미를 잃은 채 방황하며, 노년 세대 또한 고독과 무료함에 시달리고 있습니다. 앞만 보고 달리다 보니 관계는 단절되고 삶의 가치에서도 멀어지게 된 것이죠. 이런 상황에서 공동체를 위해 개인을 희생하고, 효율성을 위해 모두를 비슷한 사람으로 만드는 방식은 더 이상 지속 가능하지 않습니다.

지금 우리 사회에 필요한 것은 획일성과 강인함이 아니라 다양성과 섬세함입니다. 다행히도 그 변화는 이미 시작되었습니다. 유튜브 같은 플랫폼에서는 개성을 드러내는 1인 크리에이터가 인기를 얻고 있습니다. 구독자의 관심사가 다양해지면서 이전에는 주목받지 못했던 사람들에게도 인정받을 기회가 생겼습니다.

또 온라인 커뮤니티가 활발해지면서 독특한 취향을 가진 사람도 서로 소통하고 연결될 수 있게 되었습니다. 더 나아가 인종, 성별, 문화, 세대를 넘어 자폐나 ADHD 등 뇌 기능과 행동 방식의 차이까지도 결함으로 보지 않고 다양성으로 존중하는 '신경다양성neurodiversity'이라는 개념이 사회에 점차 받아들여지고 있습니다. 결국 다양한 목소리와 표현 방식을 포용하는 새로운 생태계가 열리고 있는 것입니다.

예민함은 인류에게 중요한 생존 전략이었고, 타인의 감정을 섬세하게 읽고 변화에 빠르게 대응할 수 있는 자원입니다. 사회에 부정적인 영향을 주지도 않습니다. 오히려 개개인의 다양성을 넓히고 따뜻한 사회를 만드는 공감 능력의 토대가 됩니다. 예민한 사람들의 섬세한 이해와 따뜻한 배려는 사람 사이를 다시 잇고, 깊은 성찰과 미적 감수성은 각자가 원하는 삶과 가치를 찾아가도록 돕습니다. 그러니 예민함을 부정적으로 바라본 과거의 시선을 그대로 받아들이지 마세요. 이제는 예민함 안에 숨어 있는 가능성을 바라보아야 할 때입니다.